BASTEI LÜBBE
TASCHENBUCH

Abigail Grotke

Handbuch für Verliebte

Guter Rat vom ersten Kuss bis zum Altar

Aus dem amerikanischen Englisch von Hedda Pänke

BASTEI LÜBBE
TASCHENBUCH

BASTEI LÜBBE TASCHENBUCH
Band 66433

1. Auflage: Februar 2010

Vollständige Taschenbuchausgabe
der im Ehrenwirth Verlag erschienenen Hardcoverausgabe

Bastei Lübbe Taschenbuch und Ehrenwirth
in der Bastei Lübbe GmbH & Co. KG

Titel der amerikanischen Originalausgabe:
»Miss Abigail's Guide to Dating, Mating and Marriage«
Originalverlag: Thunder's Mouth Press,
An imprint of Avalon Publishing Group Inc.

Lektorat: Ann-Kathrin Schwarz
Textredaktion: Andrea Kalbe
Umschlaggestaltung: Nadine Littig
Gesamtgestaltung und Satz: Christina Krutz Design, Riedstadt
Autorenfoto: © Diane N. Kresh
Gesetzt aus der Oneleigh
Druck und Verarbeitung: CPI - Ebner & Spiegel, Ulm
Printed in Germany
ISBN 978-3-404-66433-7

Meiner Familie, die für mich da war,
als ich ihren Rat brauchte

Inhalt

Einleitung

Seid ihr allein und einsam? Auf der Suche nach Liebe? Grübelt ihr gerade verzweifelt darüber nach, wie ihr die Aufmerksamkeit des anderen Geschlechts erringen könnt? Verwirrt und perplex über die Kompliziertheit der heutigen Paarungsrituale? Kein Wunder, wenn sich viele von euch überfordert fühlen. Möglicherweise sehnt ihr euch nach der guten alten Zeit zurück, in der das vorrangige Lebensziel einer jungen Frau oder eines jungen Mannes darin bestand, einen Partner oder eine Partnerin zu finden, zu heiraten und eine Familie zu gründen. Nun, die Welt hat sich geändert. Heute genügt es nicht mehr, an die Tür der Nachbarn zu klopfen, um die Liebe seines Lebens – oder auch nur einen Partner auf Zeit – zu finden. Online-Dating ist nicht unbedingt immer die Lösung, ebenso wenig wie das Warten darauf, dass euch der Produzent einer Reality-Show entdeckt und mit eurem idealen Lebensgefährten zusammenbringt.

Angesichts der ungeheuren Herausforderungen ist es nur verständlich, wenn ihr in einem Selbsthilfebuch nach klugen Ratschlägen und Worten der Ermutigung sucht. Seit Langem überschwemmen Ratgeberbücher den Markt, um Frauen und Männer dabei zu unterstützen, Bekanntschaften zu machen. Der Pferdefuß? Man könnte glatt mehr als die Hälfte seines Erwachsenenlebens damit zubringen, zu *lesen*, wie man erfolgreich mit dem anderen Geschlecht anbandelt. Und wer hat in der Hektik der modernen Welt dazu schon Zeit?

Zu eurem Glück habe ich euch die Arbeit bereits abgenommen. Ich habe mich in meine Bibliothek eingeschlossen und in meiner Sammlung klassischer Ratgeber nach den besten Tipps geforscht, um euch bei eurem Streben nach Liebe zu helfen. Die Ratschläge in diesem Buch sind eine Auslese aus meiner privaten Selbsthilfebücher-Kollektion von annähernd tausend Titeln, die zwischen den zwanziger Jahren des neunzehnten und den siebziger Jahren des zwanzigsten Jahrhunderts erschienen sind und die uralten Themen Kontaktaufnahme, Liebe, Zusammenleben, Ehe, Gesundheit, Schönheit, Pubertät, Sex, Umgangsformen, Heimgestaltung und Haushaltsführung behandeln.

Die Liebe zu alten Ratgeberbüchern begann für mich, die in Rendezvous-Situationen schon immer unbeholfen war und in Sachen Make-up und Frisuren bis heute eher ratlos ist, mit dem Kauf eines Fünfzig-Cent-Bandes im Secondhand-Shop der Heilsarmee in Greensboro, North Carolina: mit *The Art of Dating*, das Evelyn Millis Duvall 1967 für Teenager verfasst und die YMCA's Association Press herausgegeben hat. Es war die Initialzündung für ein geradezu brennendes Interesse, und ich entdeckte weitere Bücher in Secondhand-Shops und Antiquariaten. Seit 1997 sind sie auf meiner Website www.MissAbigail.com zu neuem Leben erwacht, weil ich Lesern mit klassischen Ratschlägen aus ihrem neuzeitlichen Dilemma helfen wollte.

Und nun sind die besten davon in diesem Buch zusammengefasst, dem *Handbuch für Verliebte.*

Die Sprache mag sich vielleicht altmodisch und verschroben anhören, aber der Inhalt der Zitate ist bemerkenswert aktuell geblieben. Obwohl manche der Ratschläge für halbwüchsige Mädchen und Jungen geschrieben wurden und andere für reifere Leserinnen und Leser, wirken die Aussagen zeitlos. Ganz unabhängig von eurem Alter: Wenn ihr als Single auf der Suche nach einer Beziehung seid, würdet ihr wahrscheinlich gern wissen, wie man jemanden auf sich aufmerksam macht, wie man sich bei einem Rendezvous verhält, was man anzieht und ob man sich schon beim ersten Treffen küssen sollte. Diese Fragen stellen sich nun einmal, ob man nun zwanzig, fünfunddreißig oder fünfzig ist. Und auch wenn die meisten der klassischen Ratschläge Männer-Frauen-Beziehungen betreffen (bedauerlicherweise war alles andere früher tabu), können sie sich auch diejenigen unter euch zu Herzen nehmen, die an gleichgeschlechtlichen Partnern interessiert sind. Ersetzt einfach *er* durch *sie*, *Mädchen* durch *Junge*, und legt los!

Unabhängig davon, in welchem Alter ihr seid, welchem Geschlecht ihr angehört, wo eure persönlichen Vorlieben liegen, bietet sich euch hier die Chance, mehr über die Ratschläge der Vergangenheit zu erfahren, an denen sich eure Eltern, Großeltern oder Urgroßeltern orientiert haben. Mit ihrer Hilfe könnt ihr lernen, wie man rendezvousfähig wird, Bekanntschaften macht, zu einem Treffen einlädt, die Vor- und Nachteile von Flirt und Petting unterscheidet. Ihr werdet an den Freuden der Liebe ebenso Anteil nehmen wie am Leid der Trennung. Ich helfe euch, das Alleinsein zu ertragen, um dann, wenn der Zeitpunkt gekommen ist, in der Lage zu sein, mit einem anderen Partner neu anzufangen. Und schließlich, wenn ihr den Gefährten fürs Leben gefunden habt, könnt ihr euch darüber informieren, wie ihr mit dem Mann oder der Frau eurer Träume auf Dauer glücklich werdet. Mit Hilfe von Ratschlägen aus der Vergangenheit möchte ich dazu beitragen, eure Paarungsprobleme in der Gegenwart zu bewältigen, denn manchmal muss man zurückblicken, um voranzukommen.

Miss Abigail
(Abigail Grotke)

1. Kapitel

Erste Erkundungen

FRAGE: Liebe Miss Abigail,
alle reden davon, wie toll es ist, sich mit Jungs zu treffen. Stimmt das?

ANTWORT: Es ist in der Tat eine großartige Sache! Aber bevor wir uns in die vielfältigen Gründe dafür vertiefen, könnte eine kurze Vorbemerkung dabei helfen, die Terminologie der Liebe zu erklären. Dem Merriam-Webster's Online-Lexikon (www.m-w.com) zufolge ist ein *Date* ein »geselliges Zusammensein von zwei Menschen, häufig romantischen Charakters«. Die Definition von *jemandem den Hof machen* klingt da schon ein wenig ernster: »Das Eingehen sozialer Verpflichtungen, die zu einer Verlobung oder Heirat führen.« Ähnliches trifft auf das *Buhlen* zu: »Um die Zuneigung eines Menschen nachsuchen, den man für gewöhnlich auch heiratet.« Da das für ein erstes Kapitel ein bisschen zu ernst ist, beschränken wir uns im Moment auf das Verabreden und Werben, mit einem kleinen Scherz über das Buhlen gegen Ende des Kapitels. Lies weiter: Auf den folgenden Seiten erfährst du, was du über Verabredungen wissen musst.

1967: Vor einem guten Start

Die Zeit erster Verabredungen ist eine der aufregendsten Phasen in deinem Leben. Plötzlich tun sich ganz neue Horizonte vor dir auf, Freundschaften entstehen, deine Persönlichkeit entfaltet sich, und in dir erwacht das Gefühl, ein begehrenswerter Mensch zu sein. Es ist eine Zeit großer Emotionen, wertvoller Erfahrungen und faszinierender Entdeckungen. Sie voll auszukosten stellt eine der wundervollsten Lebenserfahrungen dar.

Sie zu verpassen wäre ein bedauerlicher Verlust, vor allem, wenn noch genügend Zeit bleibt, etwas dagegen zu unternehmen. Dates sind eine Kunst und müssen wie jede Kunst kultiviert werden, um Erfolge erzielen zu können. Sobald du dich ihnen mit Aufrichtigkeit, Enthusiasmus und Energie widmest, werden sich positive Ergebnisse einstellen. Schon bald erhältst du Antworten auf deine besorgten Fragen. Lange bevor du dich verabredest, träumst du bereits davon. Sehnsüchtig erlebst du, dass andere Jungen und Mädchen sich treffen, miteinander lachen und scheinbar ganz mühelos eine wundervolle Zeit verbringen. Und schon siehst du dich selbst als galanter Kavalier oder bezaubernde Heldin in einer romantischen Situation. In deiner Phantasie weißt du bereits genau, was du sagen und tun musst, sodass du dein erstes Rendezvous kaum erwarten kannst. Und doch ahnt etwas in dir die peinlichen Momente voraus, in denen du verlegen und sprachlos vor jemandem stehen wirst, der dir viel bedeutet, und feststellen musst, dass Dates

Große Emotionen, faszinierende Entdeckungen

alles andere als wundervoll sind. Und so schwankst du zwischen Verlangen und Furcht: in einer Sekunde ungeduldig, deine Schwingen zu erproben, und in der nächsten voller Angst vor dem Fliegen. Wenn du dir klarmachst, was bei diesen Verabredungen geschieht, ist dein Wechselbad der Gefühle völlig verständlich. Denn der Spaß dabei ist ein anderer, als wenn ein Junge mit seinen Freunden Ball spielt oder ein Mädchen seiner besten Freundin Geheimnisse anvertraut. Bei Dates hast du es mit Vertretern des anderen Geschlechts zu tun. Du lernst diese Menschen kennen, die so ganz anders sind als du, und erfährst dabei eine Menge über dich selbst. Du stehst auf der Schwelle zu Erfahrungen, die ganz neu für dich sind, romantisch und voller Verheißungen für dein Leben als flügge gewordener Erwachsener.

Evelyn Millis Duvall, *The Art of Dating*

1964: Was ist ein Date?

Dates sind ein weites Feld. Das Wort Date wird auf ein Ereignis ebenso angewandt wie auf eine Person. Es gibt Blind Dates und Dauer-Dates, Doppel-Dates, zufällige und geplante Dates. Ein Date kann von einem kurzen Treffen auf eine Coke, bei dem jeder für sich bezahlt, über die Verabredung, sich nach der Algebra-Stunde an gleicher Stelle wiederzusehen, bis zur gemeinsamen Teilnahme am

Highschool-Ball alles sein. Aber allen wie auch immer gearteten Dates ist eins gemein: dass zwei Personen, eine männliche und eine weibliche, einander gefallen. Daran hat sich nichts geändert. Nur die äußeren Gegebenheiten sind andere geworden.

Betty Allen und Mitchell Pirie Briggs, *Mind Your Manners*

Falls du geneigt sein solltest, die Äußerungen des folgenden Autors über das Werbeverhalten und die »amerikanische Lockerheit« als altmodisch abzutun, würde ich mich an deiner Stelle vor Voreiligkeiten hüten. Junge Leute von heute wären gut beraten, über diese warnenden Worte aus den achtziger Jahren des vorletzten Jahrhunderts nachzudenken.

1886: Werbeverhalten

Das Umwerben ist eine eindeutig amerikanische Sitte. In anderen zivilisierten Ländern sind die Regeln des gesellschaftlichen Miteinanders so beschaffen, dass sie die Möglichkeiten des nahezu uneingeschränkten Umgangs der Geschlechter in der Jugend, den wir in unserem Land erleben, ausschließen. Unter keinen Umständen möchten wir diese Tatsache als Argument für die Einführung fremder gesellschaftlicher Bräuche verstanden wissen, denn obwohl sie in diesem Fall von Vorteil wären, würden sie doch in ihrer Mehrheit ähnlich großen oder sogar noch größeren Übeln Vorschub leisten. Wir erwähnen die Tatsache lediglich, um die Nachteile der typisch amerikanischen Lockerheit anzuprangern.

J. H. Kellogg, *Plain Facts for Old and Young. Embracing the Natural History and Hygiene of Organic Life*

Trotz Mr. Kellogg werden lockere und weniger lockere Amerikaner sowie andere überall auf der Welt auch weiterhin umeinander werben. Das liegt einfach in der Natur des Menschen, wie uns zahllose Sendungen im Fernsehen bewiesen haben. Um besser zu verstehen, worum es eigentlich geht, lass uns einen Blick auf eine Passage aus dem Jahr 1940 werfen und achte auf die Verwendung des entzückenden Wortes »buhlen« (einer meiner Lieblingsausdrücke). Sprich es laut aus. Buhle um mich, bitte. Buuuhle ... Macht das nicht Lust darauf, es selbst auszuprobieren?

1940: Das Werben des Mannes

Man darf nicht vergessen, dass Leidenschaft unverzichtbar ist

Für den jungen Mann kann das Werben und Buhlen ein großes Abenteuer sein. Eine Reise voller Entdeckungen und Erfahrungen. Er erkennt die Schönheiten im Charakter der von ihm geliebten Frau, die sie hinter dem Schleier ihrer Bescheidenheit verbirgt oder von denen sie vielleicht selbst nichts weiß. Er entdeckt ihre unschuldigen Launen, ihre unausgesprochenen Wünsche. Dann macht er ihr die Resultate dieser Reise durch Komplimente, kleine Geschenke oder besondere Aufmerksamkeiten deutlich. ...

Vielleicht habe ich die Gefahr, zum Sklaven der Leidenschaft werden zu können, überbetont, aber man darf nicht vergessen, dass Leidenschaft unverzichtbar ist. Dem Werben und Buhlen muss eine zwingende, treibende Kraft zugrunde liegen. Nie sollte man auf die ermüdende Durchführung einer bestimmten Zahl wöchentlicher oder monatlicher Gespräche oder die eintönige Beteiligung an gesellschaftlichen Aufgaben herabsinken. Um lebendig zu bleiben, darf die Liebe nicht in den Käfig profaner Häuslichkeit gesperrt, noch der Möglichkeit beraubt werden, sich in ungeahnte Höhen aufzuschwingen.

Margaret Sanger, *Happiness in Marriage*

Nachdem wir elementare Ansichten über Dates kennengelernt haben, fragst du dich vielleicht, warum du dir überhaupt einen ganz besonderen Menschen in deinem Leben wünschen sollst. Hier ist ein Blick auf die Vor- und Nachteile einer Beziehung. Du musst entscheiden, was für dich richtig ist.

1938: Der Wert von Freundschaften mit Jungen

Warum ist es für ein Mädchen wichtig, Jungen kennenzulernen und sich mit ihnen anzufreunden? Um zu Partys mitgenommen zu werden, um möglichst viele Verabredungen und Tanzpartner zu haben?

Diese Punkte mögen erstrebenswert erscheinen, aber Freundschaften mit Jungen bringen sehr viel mehr. Es ist gut für ein Mädchen, Jungen zu kennen und zu lernen, mit ihnen zurechtzukommen, weil es später wissen muss, wie man mit Männern zurechtkommt, ob in der Ehe oder im Beruf. Zweifellos wird es in der Ehe glücklicher und im Beruf erfolgreicher, wenn es das andere Geschlecht versteht, wenn es die Standpunkte von Männern begreift und weiß, wie ihr Verstand funktioniert, wie sie in bestimmten Dingen denken und fühlen.

Von Jungen können Mädchen beispielsweise eine Offenheit und Direktheit lernen, die für sie charakteristischer ist als für Mädchen. Und ein Mädchen kann Freundschaften

mit intelligenten Jungen als Bereicherung und Weiterentwicklung seiner eigenen Ideen und Vorstellungen empfinden.

Aber wie bei allem im Leben kann auch hier übertrieben werden. Ein Mädchen, das seine ganze Zeit und all seine Gedanken Jungen widmet, bekommt ein einseitiges, verzerrtes Bild vom Leben. Wenn ein Mädchen durch Verabredungen mit Jungen zu beschäftigt ist, um daneben auch Zeit für Mädchen, seine Familie und andere Freunde zu finden, bereitet es sich selbst den Weg ins Unglück. Für eine Weile mag ihm der Umgang mit Jungen genügen, aber schon bald wird es das Gefühl bekommen, dass Mädchen es ablehnen. Es bildet sich ein, dass die anderen Mädchen ihm aus Neid auf seine Beliebtheit bei Jungen aus

Wissen, wie ihr Verstand funktioniert

dem Weg gehen, um es zu verletzen. Als Folge davon verhält es sich anderen Mädchen gegenüber so reserviert und misstrauisch, dass diese es schließlich wirklich nicht mögen.

Jungen kennen und verstehen zu lernen ist ein Bestandteil deiner Vorbereitung auf das Leben. Aber nicht der einzige. Behalte und pflege deine Freundschaften mit Mädchen, und achte auf Ausgewogenheit in deinem Leben und deiner Persönlichkeit.

Beatrice Pierce, *The Young Hostess*

2. Kapitel

Was ist mit mir los?

FRAGE: Liebe Miss Abigail,
ich fühle mich zu linkisch und unbeholfen, um an eine Verabredung mit einem Jungen auch nur zu denken. Was ist mit mir los?

ANTWORT: Wenn sich etwas im Laufe der Jahre nicht verändert hat, dann ist es die Pubertät: die Zeit, in der junge Menschen von ihrem Körper in das Erwachsensein katapultiert werden. Auch wenn es unterschiedliche Ansätze gab und gibt, mit der Pubertät fertig zu werden, hat ausnahmslos jeder Erwachsene mit den gleichen Veränderungen zu kämpfen. Sicher fühlst du dich jetzt sonderbar und scheinst dir selbst fremd zu sein, aber das vergeht. Das kannst du mir glauben. Hier ein paar Tipps, um dir zu helfen, durch dieses schwierige Stadium zu kommen.

1904: Veränderungen in der Pubertät

Bis zum Alter der Pubertät sind die Hauptunterschiede zwischen den Geschlechtern eher mental als physisch. Das Mädchen ist von Natur her sanfter und häuslicher als der Junge. Es lässt die weibliche Eigenschaft, um Aufmerksamkeit zu bitten, nur indirekt hervorscheinen. Schon im jungen Alter erkennt der Junge, dass es an ihm ist, Avancen zu machen.

In der Zeit der Pubertät kommt es zu Veränderungen, derart auffälligen Veränderungen, dass es zeitweise fast verblüffend wirkt. Obwohl es viele Dispute über die physiologischen und mentalen Veränderungen gegeben hat, die bei Männern und Frauen in zeitlich begrenzten Zyklen – sieben Jahren beispielsweise – stattfinden, kann kein Zweifel daran bestehen, dass um das vierzehnte Lebensjahr herum bei Jungen und Mädchen komplette Transformationen stattfinden, so als würden sie in neue Menschen verwandelt. In klimatisch gemäßigten Zonen übernehmen sowohl der Junge als auch das Mädchen ihre spezifischen sexuellen Funktionen. Vordem war jeder ein separates und unabhängiges Individuum und verspürte kein Bedürfnis nach dem anderen, mit der Ausnahme, dass die gesellige Natur des Menschen grundsätzlich nach Gemeinschaft verlangt. Mit dem Tieferwerden der Stimme, der Ausprägung der maskulinen Muskeln, mit dem Anschwellen der weiblichen Brüste und der

Komplette Transformationen

allgemeinen Rundung der femininen Körperformen tritt eine bemerkenswerte Veränderung im Verhalten der Geschlechter zueinander ein.

Mary Ries Melendy, *Vivilore. The Pathway to Mental and Physical Perfection*

1937: Verwirrt

Bist du dir je wie ein junger Pilot vorgekommen, der auszieht, um sich seine Sporen zu verdienen? Hat dieses Gefühl von Erregung, von Gier nach Nervenkitzel, sogar von Furcht vor dem Unbekannten dich je überwältigt?

Bist du nicht verwirrt über einige Dinge, wenn du von dem vor dir liegenden Leben träumst? Du wurdest ein bisschen auf das Leben vorbereitet, weißt aber doch, dass die wahren Kämpfe und Prüfungen in der Zukunft liegen. Und denen sollst du dich besonnen und mit kühlem Kopf stellen. Du willst wissen, wie du dieser Prüfung des Lebens gegenübertrittst. Du willst erfahren, wozu dein Körper da ist. Du willst dich mit deinem Flugzeug und seinen Steuerungshebeln vertraut machen. Für dich kommt keine Bruchlandung innerhalb der feindlichen Linien infrage, sondern eine Reihe stolzer Siege. Vielleicht ein oder zwei Orden, ein weißes Schulterband, um zu beweisen, dass du die Schlacht deiner Jugend heil überstanden hast.

Über sexuelle Dinge Bescheid zu wissen ist nicht falsch. Vielmehr ist es sogar notwendig. Nur der Missbrauch dieses Wissens ist zu verurteilen.

P. J. Bruckner, *How to Give Sex Instructions*

1922: Vom Kind zur Frau

Im Körper eines Mädchens in der Übergangsphase finden wundervolle Veränderungen statt. Es nimmt eine neue Gestalt an und eine neue Symmetrie. Organe, die während der Kindheit geschlummert haben, erwachen plötzlich zum Leben. Es wird nicht einfach nur eine Person, sondern eine Frau. Und mit der körperlichen Verwandlung kommen ebenso wunderbare Veränderungen in ihrem Wesen. Sie hat neue Emotionen, neue Gedanken und neue Ambitionen. Sie gewinnt eine ganz neue Sicht auf das Leben und ändert ihr Verhalten. Die Veränderungen sind so vollkommen, als wäre sie in einer ganz anderen Welt. ...

Das Kind hat sich schließlich zur Frau gemausert. Genauso natürlich wie es zum Mädchen wurde, streift es das mädchenhafte Verhalten ab und richtet sich im Frausein ein.

Neue Emotionen, neue Gedanken und neue Ambitionen

Das Leben nimmt eine nüchterne Sachlichkeit an, und die junge Frau wird manche Dinge klarer erkennen. Viele der Zurechtweisungen und Ermahnungen, die ihr als Mädchen zuteil wurden und die sie als ungerecht oder unnötig empfand, erscheinen nun in einem neuen Licht, und sie wird ihren Beschützern dankbar sein. Ihre Wangen werden vor Verlegenheit erglühen, wenn sie an manche Eskapaden ihrer Mädchenjahre denkt, und sie werden noch röter bei der Erinnerung an die Dinge, die sie am liebsten getan, die aber ihre Mutter nicht gestattet hätte. Sie wird ruhiger reden und weniger laut lachen. Ein neues Verantwortungsgefühl erwacht in ihr. Das Leben kommt ihr ernsthafter und weniger sorglos vor als früher. Sie wird sich wundern, wie selten sie als Mädchen an Konsequenzen gedacht hat. Unser Kind ist jetzt eine Frau, und ihre Natur verlangt nach etwas, das erfüllender und befriedigender ist als die flüchtigen Vergnügungen der Jugend.

Mabel Hale, *Beautiful Girlhood*

Eine häufige Sorge von Mädchen in der Pubertät ist die Größe ihrer Brüste. Wenn es dir peinlich sein sollte, einen BH tragen zu müssen, lass dir eins sagen: Sei zufrieden mit dem, was du hast. Es ist mehr als dein erster BH, es ist der Beginn einer wundervollen Freundschaft mit deiner Anatomie.

1956: Nimm deine Anatomie nicht zu wichtig

»Oh, Doktor Crane, ich bin verzweifelt darüber, dass ich so große Brüste habe«, beklagen sich manche Mädchen unter Tränen. »Wäre es ungefährlich für mich, wenn ich zu einem plastischen Chirurgen gehe, um meine Brüste verkleinern zu lassen?«

Ja, es ist ungefährlich genug, aber für gewöhnlich nicht nötig. Kleine oder volle Brüste sind unwesentliche Elemente im Gesamtmosaik der Eigenschaften, die eine bezaubernde Persönlichkeit ausmachen. ...

Viele Mädchen mit anatomisch perfekten Brüsten erweisen sich bei Dates buchstäblich als »Nieten«. Andere Mädchen mit flachen Oberkörpern oder Hängebusen sind der personifizierte Star, der Dutzende von Heiratsanträgen erhält, und das ist keine Übertreibung!

Wenn du leichtgläubig der Zauberkraft eines normalen Busens vertraust, wirst du fast mit Sicherheit enttäuscht werden, selbst wenn du dein Heil in der plastischen Chirurgie suchen solltest. Denn dadurch gibst du zu erkennen, dass du überhaupt nicht zu wissen scheinst, was attraktive Weiblichkeit eigentlich ausmacht. Ein Mädchen kann auch dann bezaubernd und begehrt sein, wenn ihm ein Bein amputiert oder eine Brust entfernt wurde. Sommersprossen, eine Stupsnase, dünne Beine, starke Fesseln oder breite Hüften sind bei deiner Bewertung als »Clou

Unwesentliche Elemente im Gesamtmosaik der Eigenschaften

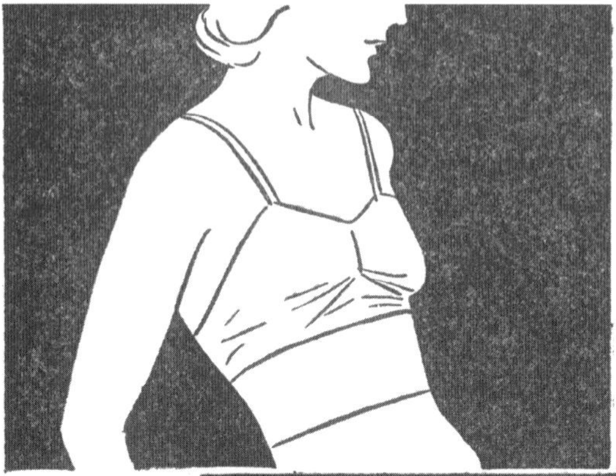

Die Auswahl des Büstenhalters ist für die weibliche Hygiene von großer Wichtigkeit. Diese Abbildungen zeigen unterschiedliche Ausführungen.

Dieses Modell gibt dem Busen nicht genügend Halt.

Enge Büstenhalter (Mitte) machen die Brüste flach. Das beste Modell (unten) unterstützt die natürliche Form.

für ein Rendezvous« völlig nebensächlich. Ein strahlendes Lächeln sowie hin und wieder ein Kompliment für deinen Begleiter können dir sehr viel schneller einen Verlobungsring einbringen als der meistfotografierte Hollywood-Busen. Solltest du mir immer noch nicht glauben, brauchst du dir nur die Fotos auf den Formularen im Standesamt deines Heimatortes anzusehen. Wahrscheinlich ist unter tausend Bräuten in spe keine einzige, die Hollywood-Vorstellungen entspricht. Überzeuge dich selbst!

George W. Crane, *How to »Cash-In« on Your Worries*

»Jeder bekommt sie ... aber ich weiß selbst, was für eine Tragödie es ist, wenn sie erstmals erscheinen.« Ich hoffe, dass dir diese Worte aus Lois Pembertons Klassiker Der Storch brachte dich nicht *bei deinem Bestreben nach reiner Haut ein kleiner Trost sind. (Übrigens: Glaube niemandem, der dir einredet, Akne würde mit dem Ende der Pubertät von selbst verschwinden. Lügen, nichts als Lügen!)*

1965: Trost für den Alltag

Das schwerste aller Kreuze, die der heranwachsende Mensch zu tragen hat, sind die Pickel und Pusteln. Sie hinterlassen ihre Narben sowohl auf der Seele wie am Körper. Nur sehr wenige Jungen und Mädel kommen ganz ungeschoren davon, wenn auch nicht jeder gleich schlimm darunter zu leiden hat. Es ist wirklich eine äußerst unfaire Angelegenheit, und kein Mensch weiß, warum es nötig ist. Vielleicht bedient sich die Natur dieses unbegreiflichen Einfalls nur zum Zwecke der Charakterbildung. Was ihr tun sollt? Das beste Mittel ist: Kopf hoch! Und dann tröste dich mit dem Gedanken, dass auch die schlimmsten Pickel und Pusteln einmal ein Ende haben werden.

Natürlich ärgert es dich und du kommst dir so jämmerlich und scheußlich vor, dass du am liebsten zu Hause bleiben möchtest, wo du dich doch gerade auf diese besondere Party so »schrecklich« gefreut hattest! Hm – bleibe nicht zu Hause, geh trotzdem! Und lass dir weder dein Selbstvertrauen noch deinen Seelenfrieden rauben.

Wenn du allerdings von Anfang an eine Rekordernte an Pickeln hast, sodass dein Gesicht aussieht wie ein Stoppelfeld, dann bitte deine Mutter, dass sie mit dir zum Hautarzt geht; befolge seinen Rat genau und führe alle Anweisungen aufs Wort aus. Wende nur das an, was er dir verschrieben hat, und mache um Gottes willen keine Experimente mit Mitteln, die bei andern so »fabelhaft geholfen haben«. Jeder unter euch ist ein individueller Fall; jeder reagiert anders auf die eine oder andere Behandlungsmethode. Was für Joe oder Jane das Richtige war, kann für dich Gift sein. Wenn du allerdings zu den vernünftigen Menschenkindern gehörst, die sich mit den normalen Pickelchen abfinden und mit den wirklich nicht netten Pöckchen; wenn du trotz allem den Wunsch unterdrückst, den Kopf in den Sand zu stekken und dich nicht eher wieder sehen zu

Pickel und Pusteln freuen sich, wenn du dich aufregst

lassen, als bis alles vorüber ist; wenn du also »über den Dingen« stehst, dann freilich kannst du allerhand gegen dies Missgeschick tun. Zuerst: Lass dich nicht von deinem gewandelten Äußeren unterkriegen! Pickel und Pusteln freuen sich, wenn du dich aufregst; sie wachsen, blühen und gedeihen. Denn deine Aufregung regt den Kreislauf an, ergo: die Pickel vermehren sich. Also ruhig Blut! Sieh lieber gar nicht erst in den Spiegel, wenn du dich doch nur ärgerst, und meide die Gesellschaft, deren Lieblingsthema deine fleckige Haut ist. ... Nun ein kleiner Trost: Die andern nehmen von euern Pickeln und Pusteln gar nicht so viel Notiz, wie ihr meint. Ihr seht sie dauernd im Spiegel, ihr wisst, dass sie da sind; das macht euch unsicher und verlegen. Ihr glaubt, jedermann sieht zuerst eure Mitesser. Ach Unsinn! Sie fallen längst nicht so auf, wie ihr euch einbildet. Zugegeben, nett sind sie nicht; wir sehen sie auch nicht gern – noch weniger gern haben wir sie, und wenn sie in Massen auftreten, können sie das hübscheste Gesicht entstellen. Auch auf diesem Gebiet hat die medizinische Wissenschaft viel erreicht, um diese unbeliebte Laune der Natur auszurotten durch moderne Behandlungsmethoden und angemessene Diät. Vielleicht werden eines Tages die Hautunreinheiten ihre Rolle

im Leben des heranwachsenden Menschen ausgespielt haben, aber bis es erst so weit ist – ja, da könnt ihr wirklich nicht viel tun.

Lois Pemberton, *Der Storch brachte dich nicht. Offene Worte an junge Menschen*

Du suchst Antworten auf deine Fragen über die Pubertät? Deine Freundinnen und Freunde haben wahrscheinlich einiges dazu zu sagen, aber hast du schon mal versucht, dich an deine Eltern zu wenden? Mir ist bewusst, wie schwer es ist, über diese Dinge zu reden, aber du solltest dich deiner Mom oder deinem Dad anvertrauen und ihnen sagen, was du gerade durchmachst. Schließlich war deine Mutter auch einmal jung, und ich wette, sie kann sich noch gut daran erinnern, wie es für sie war. Hier folgen ein paar Überlegungen zum Thema Eltern und ihre Aufgaben bei der Kindererziehung. Ich weiß, sie klingen reichlich verstaubt, aber sie wurden ja auch im Jahr 1910 geschrieben!

1910: Ideale Lehrer

Eltern sollten ideale Lehrer sein. Nach ein paar Jahren der Unterrichtung über die Fortpflanzung am Beispiel von Pflanzen, Vögeln und Ähnlichem kann die Mutter dem Kind die Geschichte von Müttern und Babys erzählen, wenn es etwa acht Jahre alt ist. In diesem Alter ist es besonders neugierig und wird unter Umständen von seinen Schulkameraden und Spielgefährten falsch belehrt.

Wenn das Kind älter wird, sollte es zur angemessenen Zeit weitere notwendige Lektionen erhalten. So belehrt die Mutter das Mädchen über monatliche Blutungen, Mutterschaft, Geschlechtskrankheiten und keusches Verhalten sowie der Vater den Jungen über Samenausscheidungen, Selbstbefriedigung, Enthaltsamkeit und Geschlechtskrankheiten. Wenn Eltern die Lehrer ihrer Kinder sind, besteht der große Vorzug darin, dass das Kind ihnen vertraut und nicht zu anderen geht, wenn es in diesen Fragen unterwiesen werden möchte, ein Gewinn für das Kind, der nicht hoch genug bewertet werden kann. Denn das Kind sollte über ein vertrauensvolles Verhältnis zu dem Menschen verfügen, bei dem es in diesen Angelegenheiten Rat sucht, und es stellt wahrlich einen Glücksfall dar, wenn dieser Vertraute eine erfahrene Mutter oder ein erfahrener Vater ist. Daher können Eltern in der Tat die idealen Lehrer sein. Dabei müssen sie jedoch klug und taktvoll vorgehen, kenntnisreich, voller Verständnis und Mitgefühl für ihre Kinder, und bereit sein, ihre Pflichten ihnen gegenüber wahrzunehmen.

Philip Zenner, *Education in Sexual Physiology and Hygiene*

Mit zunehmendem Alter des Mädchens können die Fragen, die es seiner Mutter stellt, gemischte Gefühle auslösen, die mitunter schwer zu ertragen sind. Doch es ist extrem wichtig, jedes auftretende Unbehagen zu beseitigen, wie die Autoren des folgenden Zitats deutlich machen.

1919: Mütterliche Furcht vor den Verehrern

Aus Furcht erwächst Mut und Entschlossenheit

Im Leben des Mädchens naht ein neuer Abschnitt. Er zeigt sich in der rosigen Frische der Wangen, dem Schwellen der Lippen, dem sanften Leuchten der Augen. Die Lebenssäfte steigen, und das Blut fordert Erfüllung.

Junge Männer betrachten ihre Tochter mit Wohlwollen, und das Herz einer Mutter empfindet Stolz, aber gleichzeitig auch Furcht. Sie kennt die Reinheit und Unschuld ihrer Tochter, weiß aber nur sehr wenig über diese fremden Verehrer! Was ist, wenn sie ihrer Tochter alles nehmen und sie in Verzweiflung treiben? Ihr die Schönheit, die Weiblichkeit, selbst die Selbstachtung rauben, um sie in unvorstellbarem Elend zurückzulassen. Und so erwächst aus ihrer Furcht Mut und Entschlossenheit. Sie zieht ihre Tochter an ihre mütterliche Seite, und sie halten gemeinsam Rat.

Caroline Benedict Burrell und William Byron Forbush,
The Mother's Book

3. Kapitel

Fit für Dates

FRAGE: Liebe Miss Abigail,
was kann ich tun, um begehrenswert zu sein?

ANTWORT: Jeder, der sich auf das Abenteuer zwischenmenschlicher Begegnungen einlässt, möchte natürlich wissen, was er oder sie tun kann, um so sympathisch, anziehend und attraktiv wie möglich zu sein. Leider gibt es dafür keine Zauberformel, aber in diesem Kapitel werden Bereiche in deinem Leben behandelt, in denen möglicherweise Verbesserungen nötig sind. Zunächst müssen wir dein Selbstvertrauen aufbauen. Ebenso wichtig sind eine positive Einstellung, gutes Benehmen und ein gepflegtes Äußeres. Und dann natürlich Begeisterung für die bevorstehenden Herausforderungen!

1967: Sei enthusiastisch

Sorge für eine unbeschwerte, lockere Atmosphäre

Begeisterung steckt an. Dein Enthusiasmus zieht immer weitere Kreise, um alle zu verzaubern, die in seinen Bann geraten. Verleihe deinen Beziehungen neuen Schwung, indem du das Feuer wieder entfachst. Wenn deine sozialen Kontakte an Spannung verloren haben, denke dir neue und faszinierende Themen aus. Plane interessante Aktivitäten. Sorge für eine unbeschwerte, lockere Atmosphäre. Das Unerwartete kann sehr belebend sein. Bereichere deine Tage mit Frohsinn und Heiterkeit, damit du später in der Erinnerung sagen kannst: »Es hat Spaß gemacht.«

Ruth Tolman, *Charm and Poise for Getting Ahead*

Wenden wir uns nun einer meiner Lieblingsautorinnen zu. Evelyn Millis Duvall beschreibt, wie Teenager sich begehrenswerter machen können. Hast du Papier und Stift parat? Vielleicht möchtest du dir ein paar Notizen machen.

1956: »Mich lädt keiner ein!«

Niemand scheint sonderlich an dir interessiert zu sein, und du fragst dich verwundert: »Was ist bloß mit mir los?« Die anderen erzählen dauernd, wie »prima es war«, was er ge-

»Was ist bloß mit mir los?«

sagt hat, was sie gesagt hat, was sie getan haben ... Da fühlst du dich vollkommen am Rande. »Da muss doch etwas nicht stimmen mit mir«, denkst du vielleicht, »dass ich bei den Spielen und Unternehmungen nie dabei bin!« Dann gibst du vielleicht – wie einige andere das auch tun – eine ganz große Latte an und redest von »ganz persönlichen Freundschaften«. Aber ganz tief drinnen fragst du dich, wie man es denn anstellt, dabei zu sein, Freunde zu gewinnen, das andere Geschlecht zu treffen – alles Dinge, die dem und jenem leicht von der Hand zu gehen scheinen.

Du kannst es dir leichter machen, wenn du ein paar einfache Regeln beachtest: Erweise den anderen ehrliche Anteilnahme und Freundlichkeit, dann wirst du stets willkommen sein. Sei sorgfältiger in deiner Körperpflege. Du brauchst dich darum nicht extravagant zu kleiden oder deine Bekannten mit der neuesten Mode »zu erschlagen«. Jungen sind, genauso wie Mädchen, viel anziehender, wenn sie sich sauber halten, sich passend anziehen und überhaupt auf ihre äußere Erscheinung Wert legen.

Du wirst umso eher Freunde finden, je mehr du dich für Dinge außerhalb deiner selbst interessierst. Je mehr fröhliche Formen gemeinsamen Tuns du kennst, umso mehr kannst du mitmachen. Eine Vielzahl von Interessen ist eine Art Versicherung gegen Einsamkeit und Langeweile. Langeweile oder Lebendigkeit – beides liegt an und in dir. Wer viel Vergnügliches mit vielen pflegen kann, der wird auch Spaß an der Geselligkeit zu finden wissen. Mit der Zahl deiner Fähigkeiten und Fertigkeiten wächst auch du, bis du es schließlich verstehst, in vielen Formen und Lagen zum gemeinsamen Vergnügen beizutragen.

Evelyn Millis Duvall, *Verliebt ist nicht verheiratet. Offene Worte für junge Menschen*

Wenn du über die Dinge nachdenkst, die möglicherweise verhindern, dass du zur Bestform aufläufst, empfiehlt sich vielleicht auch ein Reinlichkeits-Check. Ein Schnuppern an den Achselhöhlen könnte ergeben, dass du häufiger das Bad aufsuchen solltest.

1916: Reinlichkeit ist das oberste Gebot

Dr. Galopin war der Meinung, dass »Liebe durch die Nase geht«. Ein unangenehmer Geruch ist das Kennzeichen von Menschen, die nur ungern das Bad aufsuchen. Körpergerüche erregen Widerwillen. Niemand ist gern in der Gesellschaft schlecht riechender Menschen. ...

Liebe geht durch die Nase

Nicht selten sieht man junge Menschen mit schmutzigen Ohren und ungewaschenen Hälsen. Ein schmutziger Hals und ein lächelndes Gesicht passen nicht zueinander. Jede Lady ist es sich schuldig, bezaubernd zu sein; jeder Gentleman angehalten, präsentabel zu sein; doch darüber hinaus ist es eine Pflicht der Gesellschaft gegenüber, den Freunden und all jenen, mit denen wir in Kontakt kommen könnten.

Professor T. W. Shannon, *Nature's Secrets Revealed. Scientific Knowledge of the Laws of Sex Life and Heredity, or Eugenics*

1956: Auch andere haben keine Dates

Überrascht es dich, dass die meisten Oberschüler keine regelmäßigen Rendezvous haben? Und dass eine große Zahl von ihnen die Highschool verlässt, ohne ein einziges Date gehabt zu haben? Folglich unterscheidest du dich nicht von deinen Mitschülern, wenn du dich nur selten oder gar nicht verabredest. Es besteht also absolut kein Anlass, dich für einen gesellschaftlichen Versager zu halten. Das

Kein Anlass, dich für einen Versager zu halten

heißt nicht, dass du dich nicht verabreden sollst, wenn du Lust darauf hast. Es bedeutet lediglich, dass es viele andere Jungen und Mädchen wie dich gibt, die keine Dates haben, weil sie entweder kein Interesse daran haben oder nicht darum gebeten werden. Vergiss nicht, dass nach dem Highschool-Abschluss noch viele Jahre vor dir liegen.

Irene E. McDermott und Florence Nicholas, *Living for Young Moderns*

Jedes Ratgeberbuch enthält ein Quiz oder zwei, um zum Nachdenken darüber anzuregen, wie man sich in bestimmten Situationen verhalten würde. Also spitzt die Bleistifte, denn es ist ein wundervolles Gefühl, gemocht zu werden, und ich möchte, dass alle von euch so liebenswert wie möglich sind, damit wir zu den angenehmen Aspekten von Begegnungen zwischen Mädchen und Jungen übergehen können. Dieses Instrument zur Selbstanalyse wurde in Estelle Hunters Buchserie über Persönlichkeitsentwicklung veröffentlicht. Auch wenn es nicht automatisch Beliebtheit garantiert, kann ein Versuch nicht schaden.

1939: Finden andere Sie sympathisch?

Jeder normale Mensch möchte, dass andere ihn gern haben. Falls Sie sagen, es mache Ihnen nichts aus, ob man Sie mag oder nicht, dann sind Sie vermutlich nicht ehrlich zu sich selbst. Vielleicht möchten Sie Ihren verletzten Stolz kaschieren. Wer behauptet, es sei ihm egal, ob man ihn sym-

pathisch findet, dem macht das im Gegenteil sogar sehr viel aus. Er sollte sich den Tatsachen stellen und versuchen, die Gründe für die fehlende Harmonie in seinem Verhältnis zu anderen Menschen herauszubekommen.

Nach Studien im Colgate Psychological Laboratory über die Eigenschaften und Verhaltensweisen, durch die wir uns beliebt oder unbeliebt machen, hat Donald A. Laird eine Liste von 45 Fragen zusammengestellt, die im Folgenden abgedruckt sind.

EIGENSCHAFTEN, DIE UNS BELIEBT MACHEN

Geben Sie sich für jede Frage, die Sie mit Ja beantworten können, drei Punkte:

1. Kann man sich darauf verlassen, dass Sie Ihre Versprechen auch halten?
2. Helfen Sie bereitwillig anderen?
3. Unterlassen Sie Übertreibungen bei Ihren Äußerungen?
4. Vermeiden Sie Ironie und Sarkasmus?
5. Hüten Sie sich davor, mit Ihren Kenntnissen zu prahlen?
6. Fühlen Sie sich den meisten Ihrer Bekannten und Kollegen ebenbürtig?
7. Vermeiden Sie es, Menschen herumzukommandieren, die nicht bei Ihnen angestellt sind?
8. Hüten Sie sich davor, Menschen für Dinge zu tadeln, die Ihnen nicht gefallen?
9. Vermeiden Sie es, sich über andere hinter ihrem Rücken lustig zu machen?
10. Hüten Sie sich davor, andere Menschen dominieren zu wollen?

Geben Sie sich für jede Frage, die Sie mit Ja beantworten können, zwei Punkte.

11. Achten Sie darauf, dass Ihre Kleidung sauber und ordentlich ist?

12. Hüten Sie sich davor, dreist und unverschämt zu sein?
13. Vermeiden Sie es, über Fehler anderer zu lachen?
14. Ist Ihr Verhalten gegenüber dem anderen Geschlecht frei von Vulgarität?
15. Vermeiden Sie es, ständig und überall ein Haar in der Suppe zu finden?
16. Lassen Sie anderen Fehler durchgehen, ohne sie zu korrigieren?
17. Leihen Sie anderen bereitwillig Dinge aus?
18. Bemühen Sie sich, keine Witze zu erzählen, die den Zuhörern peinlich sein könnten?
19. Lassen Sie gelegentlich auch anderen ihren Willen?
20. Hüten Sie sich vor Unbeherrschtheiten?
21. Halten Sie sich aus Streitfällen heraus?
22. Bemühen Sie sich um ein freundliches Lächeln?
23. Vermeiden Sie es, pausenlos zu reden?
24. Stecken Sie Ihre Nase nicht in die Angelegenheiten anderer?

Geben Sie sich für jede Frage, die Sie mit Ja beantworten können, einen Punkt.

25. Zeigen Sie sich modernen Ideen gegenüber aufgeschlossen?
26. Hüten Sie sich davor, anderen nach dem Mund zu reden?
27. Unterlassen Sie Klatsch und Tratsch?
28. Vermeiden Sie es, andere zu bitten, das zu wiederholen, was sie gerade gesagt haben?

29. Hüten Sie sich davor, in einer Unterhaltung überflüssig viele Fragen zu stellen?
30. Vermeiden Sie es, andere um Gefälligkeiten zu bitten?
31. Unterlassen Sie es, andere Menschen zu verbessern?
32. Behalten Sie Ihre persönlichen Probleme für sich?
33. Geben Sie sich eher natürlich als bedeutend?
34. Sind Sie im Allgemeinen fröhlich?
35. Halten Sie sich mit politischen Äußerungen zurück?
36. Sind Sie eher enthusiastisch als lethargisch?
37. Haben Sie eine deutliche und korrekte Aussprache?
38. Begegnen Sie anderen Menschen vorurteilsfrei und ohne Argwohn?
39. Sind Sie voller Elan und Tatkraft?
40. Vermeiden Sie es, sich etwas auszuborgen?
41. Unterlassen Sie es, anderen Moral zu predigen?
42. Vermeiden Sie es, anderen Ihre Ansichten aufzudrängen?
43. Vermeiden Sie es, zu schnell zu sprechen?
44. Vermeiden Sie es, zu laut zu lachen?
45. Vermeiden Sie es, sich über andere Menschen in ihrer Anwesenheit lustig zu machen?

Je mehr Punkte Sie bei dieser Selbstanalyse erreicht haben, desto mehr werden Sie geschätzt. Jedes Nein sollte durch Veränderung des Verhaltens in ein Ja verwandelt werden. Die höchstmögliche Punktzahl ist 79. Rund zehn Prozent der Befragten hat sie erreicht. Die geringste Punktzahl von Kandidaten, die im Großen und Ganzen als sympathisch bezeichnet wurden, betrug 56. Junge Menschen erreichen im Durchschnitt 64 Punkte. Das Durchschnittsresultat von Menschen, die im Allgemeinen als unsympathisch gelten, beträgt 30 Punkte. Das niedrigste Ergebnis unserer Befragung lag bei zwölf Punkten.

Aus den Fragen wird deutlich, dass es vor allem von Ihrem Verhalten gegenüber anderen Menschen abhängt, ob man Sie anziehend oder eher abstoßend findet. Alle Bemühungen, Ihre Persönlichkeit weiterzuentwickeln, werden zu nichts führen, wenn es Ihnen dabei um die Steigerung Ihrer Überlegenheit geht. Ein selbstgerechter, überheblicher Mensch ist nie beliebt. Versuchen Sie nicht, Ihr Gegenüber mit ihrer Wichtigkeit zu beeindrucken, wenn Sie geschätzt werden wollen. Geben Sie vielmehr ihm das Gefühl, wichtig zu sein, zeigen Sie ihm Ihr Interesse.

Estelle B. Hunter, *Personality Development. A Practical Self-Teaching Course, Unit One: Your Physical Self*

Und wie habt ihr abgeschnitten? Für den Fall, dass es jemanden interessiert: Mein Ergebnis betrug 59 Punkte. Wahrscheinlich sind ein paar Verbesserungen nötig. Ich sollte besser gleich damit anfangen!

Gutes Benehmen ist entscheidend für eine sympathische Ausstrahlung und sollte früh gelernt werden. Bedauerlicherweise scheinen heutzutage viele diesen Unterricht geschwänzt zu haben. Das folgende Gedicht aus dem Jahr 1822, das sich an Schulkinder wendet, könnte ein Schnellkurs für uns alle sein. Ist es nicht tröstlich zu wissen, dass Nasebohren kein modernes Problem darstellt?

1822: In Gesellschaft

Wo nicht erwünscht, da bleibe fort.
Wenn alle müde, verweil nie dort.
Zapple nicht die Glieder schlaff
So wild und zügellos wie'n Aff.
Steck nicht die Finger in die Ohren,
noch darfst du in der Nase bohren.
Im Sitzen solltest du nicht zucken
und auch nicht auf den Boden spucken.
Wenn andre lernen, dann gib Ruh
und wend dich deinen Büchern zu.
Musst du niesen oder husten,
niemals in die Gegend prusten.
Gähnen kannst du elegant
nur hinter vorgehalt'ner Hand
Wenn du schnäuzest, dann nicht schroff
und immer in dein Tuch aus Stoff.
Nicht tuscheln, kichern oder fläzen
noch andere gering einschätzen.
Kein Nägelkauen oder Recken
noch Hände in die Taschen stecken.
Auch nicht in fremde Bücher gaffen,
denn das gehört sich nur für Laffen.
Wenn jemand liest, halt brav den Mund,
denn dazu hast du allen Grund.
Zieh nie ein mürrisches Gesicht,
denn das gehört sich wirklich nicht.

Kreuzt ein Lehrer deinen Weg,
Grüß artig, höflich und gepflegt.
Den richt'gen Abstand halte ein,
nicht weit voraus noch hinterdrein.
Für Freunde halte stets bereit
die Gabe deiner Herzlichkeit.

Nancy Sproat, *The School of Good Manners*

Eine andere Hürde auf dem Weg zu neuen, interessanten Bekanntschaften ist Schüchternheit, die von manchen für ein großes Problem gehalten wird. Auch wenn du es vielleicht nicht glaubst, ich war früher ein extrem schüchternes Mädchen. Ich kann mich nicht genau erinnern, was mich dazu brachte, mein Schneckenhaus zu verlassen (vielleicht die Tatsache, in einer Band das Waldhorn zu blasen, oder die Notwendigkeit, mich zu wehren, wenn meine kleine Schwester auf mir herumhackte), aber ich bin hier, um dafür zu sorgen, dass auch du selbstsicherer wirst. Wie ist es? Bist du bereit, deine Ängste über Bord zu werfen, um dir die Welt zu erobern? Jetzt bietet sich die Gelegenheit dazu.

1925: Schüchternheit

Geben Sie streng mit sich ins Gericht

Ein weiterer Charakterzug, mit dem begehrenswerte Männer häufig vertrieben werden, ist Schüchternheit, und nur wenige machen sich die Mühe, die Gründe dafür zu analysieren. ... Wenn auch Sie schüchtern sind, gehen Sie streng mit sich ins Gericht, um zu ergründen, warum Sie es sind. Verlegenheit und Schüchternheit sind ebenso große Fehler wie Dreistigkeit und richten vermutlich noch mehr Unheil an. Das Gegenteil von Schüchternheit ist Geltungssucht, deren Ursache ebenfalls im Egoismus liegt. Es handelt sich um verschiedene Ausprägungen desselben elementaren Charakterfehlers. Falls Sie zu einer der beiden Ausdrucksformen neigen, versuchen Sie, das Übel mit der Wurzel auszurotten.

Elinor Glyn, *This Passion Called Love*

Nachdem Lillian Eichlers Book of Etiquette *1921 erschienen war, veröffentlichte sie ein Jahr später den Folgeband* So oder so? Fingerzeige für gesellschaftlichen Erfolg. *»Durch zweckmäßige Illustrationen will dieses Buch Sie vor ›faux pas‹ bewahren – vor ›faux pas‹, die man so oft unwissentlich begeht; meist gerade dann, wenn man sie bestimmt nicht erwartet«, heißt es in der Einleitung. Durch die Illustrationen von F. McAnelly in der Originalausgabe könnten die Leser »sehen, wie es wirkt, wenn man einen ›faux pas‹ begeht«. Es ist, als würde man in den Spiegel schauen!*

1922: Mauerblümchen

Die routinierte Hausfrau bittet immer mehr Herren als Damen, um leidige Mauerblümchen unmöglich zu machen. Das junge Mädchen auf nebenstehender Abbildung benimmt sich falsch, sonst würde sie bestimmt kein so auffälliges Mauerblümchen abgeben.

Leidige Mauerblümchen unmöglich machen

Die junge Dame, die bei einem Tanz »sitzen« bleibt, sollte sich währenddessen den Leuten, die nicht tanzen, anzuschließen versuchen. Sie kann über alles, was ihr Spaß macht, plaudern – Bücher, Musik, Theater. So kommt sie nicht in die unangenehme Situation, aufzufallen, was bestimmt der Fall wäre, würde sie alleine an ihrem Platz bleiben. Die reizvollste Frau verliert ihren Charme, wenn sie ihren Mund nicht aufmacht, scheu und trübsinnig ist.

Das hier gezeigte junge Mädchen sollte nicht vor sich hinbrütend sitzen bleiben und warten, ob vielleicht doch noch einer kommt, sondern sich unter die anderen Gäste mischen, heiter und unbefangen sein!

Lillian Eichler, *So oder so? Fingerzeige für gesellschaftlichen Erfolg*

Eine gewisse Reserviertheit mag ganz reizvoll sein, aber Unnahbarkeit kann sich als Problem erweisen, wenn man Bekanntschaften machen möchte. Lass dir Folgendes von Ella Wheeler Wilcox als Warnung dienen.

1897: Unnahbare Menschen

Es ist eine weit verbreitete Ansicht, dass sich Menschen, die sich reserviert und unnahbar verhalten, als enorm wertvoll erweisen, wenn man erst einmal ihre Freundschaft errungen hat. Ihre Zurückhaltung scheint vielen gleichbedeutend mit »tiefsinnig«, »kultiviert« und »geistvoll« zu sein. Aufgrund persönlicher Beobachtungen und Erfahrungen hat sich diese Vorstellung für mich als absolut haltlos erwiesen. Hinter einem hochmütigen Äußeren verbirgt sich häu-

Der Versuch, eine harte Walnuss zu knacken

figer ein hohler Kopf und ein leerer Geist als irgendeine tiefgründige Fähigkeit.

»Sie ist sehr tiefsinnig; du wirst feststellen, wie lohnend es ist, sich um sie zu bemühen«, sagte einmal jemand über eine »unnahbare« Frau, deren »Rühr-mich-nicht-an«-Attitüde mich bei der ersten Begegnung abgestoßen hatte. Ich widmete mich der Erforschung ihrer inneren Werte, um nach vielen Monaten zu der Erkenntnis zu kommen, dass sie den unfruchtbaren Pacht-Ackerflächen in New England glich, auf denen nur weitere Steine erscheinen, sobald die obersten abgetragen sind. Wer erinnert sich nicht an die blauen Daumen und das verschwendete Temperament in seiner Jugend, wenn er versuchte, eine harte Walnuss zu knacken, in der Schale jedoch nur einen vertrockneten und geschrumpften Kern vorfand? Mit den Jahren werden wir klüger und schonen unsere Daumen wie unser Temperament, indem wir den ergiebigeren Mandeln und Pekannüssen den Vorzug geben und auf die zweifelhafte Walnuss verzichten. Das Leben ist zu kurz, um es an eine so schwierige und häufig enttäuschende Unternehmung zu verschwenden.

Ella Wheeler Wilcox, *Men, Women and Emotions*

Jungs, ich weiß, dass auch ihr euch Sorgen um eure Beliebtheit macht, obwohl ihr das wahrscheinlich nie zugeben würdet. Besonders nicht vor Mädchen. Nun, ihr sollt wissen, dass ihr euch mit euren Problemen jederzeit an Miss Abigail wenden könnt. Daher ist das hier eigens für euch:

1940: Werfen wir einen kurzen Blick auf die Mädchen

Wahrscheinlich sind einige deiner wesentlichen Freunde Freundinnen: Mädchen, die dich dazu veranlassen, dir die Haare zu kämmen und deine Hosen zu bügeln, und in dir das Verlangen wecken, dich ihres Respekts würdig zu erweisen. ... Ihre Bewunderung oder Abneigung wird in einem hohen Maß von ihrer natürlichen Intuition bestimmt, sodass sich jeder Junge geehrt fühlen sollte, wenn er die Achtung und die Freundschaft eines netten Mädchens gewinnt.

Es gibt viele Wege, mein Junge, ihre Freundschaft zu erringen und zu behalten. Es ist eine irrige Vorstellung, dass Mädchen nur das »Aussehen« eines Jungen bewundern. »Edel ist, wer edel handelt«, und in nahezu allen Fällen beeindruckt ein Junge mit dem, was er *tut.* Wenn du willst, dass andere dich gernhaben, sei vor allem echt, sei du selbst, und gefalle dir nicht in der Imitation anderer.

Ein Gentleman kann sich amüsieren wie jeder andere auch. Er kann ein Rüpel sein oder ein Possenreißer – alles zu seiner Zeit und am rechten Ort – und dennoch ein Gentleman bleiben. Er muss nur wissen, *wann* und *wie* die Grenze zu ziehen ist.

Ein Gentleman kann sich amüsieren wie jeder andere auch

Wenn du möchtest, dass Mädchen dich schätzen, amüsiere dich nicht auf Kosten anderer, denn damit könntest du jemanden gegen dich aufbringen oder *verletzen*, der dir das nie vergessen wird. Halte dich mit Kritik an anderen zurück, und setze ihre Bemühungen in der Anwesenheit von Mädchen nicht herab, da du durch dieses Verhalten nur das Augenmerk auf deine eigenen Fehler lenkst.

Louis LeClaire Jones, *Birthday Chats with Tomorrow's Man*

Mädchen, ihr könntet euch fragen, warum sich Jungen plötzlich so sonderbar verhalten. Nun, sie versuchen herauszufinden, wie man mit euresgleichen interagiert. Bis ihnen das gelungen ist, lohnt es sich vielleicht, Ellen Pecks einfache Erklärung zu lesen:

1969: Wie ein halbwüchsiger Junge tickt

Als du dann auch noch anfingst, verlegen zu kichern

Ein halbwüchsiger Junge ist vor allem verunsichert. Und das begann, als du zwölf Jahre alt warst und er plötzlich feststellte, dass du einen BH trägst. Mehr Beweise brauchte er nicht, um zu wissen, dass du definitiv eine *Frau* bist. Aber du hast ihn verunsichert. Er wusste nicht, was von ihm als *Mann* erwartet wird. Besonders, als du dann auch noch anfingst, verlegen zu kichern, sobald er in deine Nähe kam. (Ja, auch du.) Und das nette, behagliche Gefühl, das du ihm vermittelt hast – wie alle Mädchen, wenn sie ziemlich noch genau so aussahen wie er –, war dahin. Du hattest dich verändert. Wegen des BH und der Kicherei begann er sich in deiner Gesellschaft unbehaglich zu fühlen und wusste nicht, was er sagen sollte. Und vielleicht hat er seine Verunsicherung noch immer nicht ganz überwunden. Obwohl du mit dem Gekicher aufgehört hast. (Wenn nicht, tu es.)

Ellen Peck, *How to Get a Teen-Age Boy and What to Do with Him When You Get Him*

Hattest du irgendwann eine Freundin, die dich in den Schatten gestellt hat? Ein Mädchen, das alle Jungen umschwärmten, während du darauf warten musstest, dass dich endlich jemand bemerkt? Nun, zu Neid und Eifersucht besteht kein Grund mehr. Nicht Schönheit zählt, sondern Liebenswürdigkeit. *»Nicht jedes Mädchen kann schön sein«, schreibt Kay Thomas im Vorwort zu ihrem Buch* Secrets of Loveliness. *»Schönheit ist eine Eigenschaft, die nur sehr wenigen in die Wiege gelegt wird. Aber Liebenswürdigkeit, durch die Jahrhunderte das Ziel aller Frauen, kann man erwerben. Die Geheimnisse der Liebenswürdigkeit können erlernt werden.« Miss Thomas bietet ein paar Ratschläge an, die dir vielleicht nützlich sein können.*

1964: Sei du selbst

Bei all deinen Versuchen zu wachsen, dich zu entwickeln und zu verändern (zu verbessern!), solltest du immer bemüht sein, du selbst zu bleiben. Das hört sich widersprüchlich an? Es ist kein Widerspruch. Es bedeutet einfach: Gib nicht vor, jemand zu sein, der du nicht (oder noch nicht) bist. Mach dich nicht reicher, erfahrener oder dümmer, als du bist – so wie es manche Mädchen tun, die fälschlicherweise glauben, mit dieser Täuscherei schneller Freunde finden zu können. (Wenn du das nächste Mal hörst, dass Jungen eine Abneigung gegen Mädchen mit Köpfchen haben, sieh dir das Mädchen an, das so etwas sagt. Ist es möglicherweise gescheit, aber unbeliebt und sucht nach einer Entschuldigung für ihren Mangel an Dates?)

Hindernis für die Freundschaft

Diese Art von Verstellung kann sich sehr schnell als Hindernis für die Freundschaft erweisen, die du anstrebst.

Also sei du selbst. Was jedoch nicht heißt, die Hände in den Schoß zu legen. Anstatt so zu tun, als hättest du die Eigenschaften anderer, könntest du einige deiner eigenen vervollkommnen. Anstatt dich erfahren und weltklug zu geben, was du nicht bist, handele besonnen, was du kannst. Mit anderen Worten: Sei dein *bestes* Selbst.

Kay Thomas, *Secrets of Loveliness*

1939: Persönlichkeit

Entwickle Eigenart. Irgendeine Besonderheit, mit der du dich von der Masse unterscheidest. Ahme keine anderen Mädchen nach. Sei du selbst. Sei natürlich. Posiere nicht. Nichts finden Männer weniger attraktiv als ein affektiertes Mädchen.

Manche Männer mögen wilde Mädchen, während andere züchtige kleine Puritanerinnen bevorzugen

Vergiss nicht, dass manche Männer wilde Mädchen mögen, während andere züchtige kleine Puritanerinnen bevorzugen; dass manche Plaudertaschen schätzen, während andere für ruhige, sanft lächelnde Mona Lisas schwärmen; dass manche Männer Mädchen mögen, die Cocktails mixen können, während sich die meisten Frauen wünschen, die Kuchen wie ihre Mutter backen zu können. Also bleibe bei dem, was du zu bieten hast, und betone es, anstatt zu versuchen, dich mit fremden Federn zu schmücken.

Dorothy Dix, *How to Win and Hold a Husband*

4. Kapitel

Ich mag den Jungen, weiß aber nicht, wie ich es ihm sagen soll

FRAGE: Liebe Miss Abigail,
es gibt da einen wirklich süßen Jungen, der mir sehr gefällt, aber ich habe keine Ahnung, ob er mich auch mag. Er unterhält sich oft mit mir und bringt mich zum Lachen, aber ich weiß nicht, ob das etwas zu bedeuten hat. Bitte, Sie müssen mir helfen!

ANTWORT: Wenn Miss Abigail eine Liste der am häufigsten gestellten Fragen führen würde, stünde die hier ganz oben. Ob für Jungen oder Mädchen – das scheint das größte Problem von allen zu sein. Meine spontane Reaktion? »Mach einfach den Mund auf! Sag ihm, dass er dir gefällt!« oder »Los, mach ihr klar, dass du sie süß findest!« Aber wie wir alle wissen, ist das leichter gesagt als getan. Und wenn es leicht getan wäre, würden Ratgeberkolumnisten brotlos. Was ist die Lösung? Dieses Kapitel führt durch diese heikle Phase, in der man jemanden kennenlernt, ihm seine Gefühle offenbart und vielleicht, nur vielleicht, um ein Rendezvous bittet. Wo beginnen? Ich wette, dass du nie geglaubt hättest, dass ein alberner kleiner Vers zu einem Date verhelfen kann. Nun, er kann. Hier ein kurzer Lehrgang zum Thema: Wie man miteinander bekannt wird und den ersten Schritt Richtung LIEBE macht. Obwohl das Verfahren, äh, einmalig sein dürfte, wird es dich überraschen, wie erfolgreich es sein kann.

1946: Wie man in die Gänge kommt

»Mein Problem besteht nicht darin, nur wenige Dates zu haben oder andere um ihre Dates zu beneiden«, höre ich dich sagen. »Mein Problem ist es, überhaupt erst einmal in Gang zu kommen.« Das Sich-miteinander-Bekanntmachen ist entscheidend. ... Sich miteinander bekannt zu machen ist eine Möglichkeit erster Erforschung des Gegenübers. An dem darauf folgenden Gespräch sollten sich beide beteiligen. Es sollte locker und unbeschwert sein. Wenn du keinen besseren Anknüpfungspunkt für eine Unterhaltung findest, wirst du um dich blicken müssen, um dich auf das zu stürzen, was sich gerade anbietet, selbst wenn das eine kleine Spinne ist.

Auf einer Veranda-Party entdeckten zwei Neuankömmlinge, die einander gerade vorgestellt worden waren, auf dem Geländer plötzlich eine Spinne. Anstatt entsetzt zu kreischen, begann das Mädchen geistesgegenwärtig zu reimen:

»Eine klitzekleine Pinne
kriecht auf einen Pachtel.
Da setzt Regen ein und
treibt sie in eine Schachtel.«

»Geht es noch weiter?«, fragte der Junge.

»Aber ja ...

Die Sonne kehrt wieder,

lässt den Regen versiegen.
Und die klitzekleine Pinne
Hat prompt ihren Pachtel erstiegen.«

Natürlich musste sich der Junge nun ebenfalls im Reimen versuchen, was mit lautem Gelächter endete, weil er seine Pinnen und Pachtel völlig durcheinanderbrachte. Albern? Ja, vielleicht, aber auch ein großer Spaß. Auf diese Art kommt man zu einem Rendezvous.

Albern, aber auch ein großer Spaß

Francis Bruce Strain, *Teen Days. A Book for Boys and Girls*

Na Jungs, wollt ihr ran an die Mädels, wisst aber nicht wie? Ich werde euch sagen, was ihr tun könnt. Lauft in eine Buchhandlung und versucht, euch ein Exemplar von Eric Webers »weltberühmtem« Wie angelt man sich ein Mädchen? *zu sichern. »Mehr als 600 000 Exemplare verkauft! Erweiterte Neuausgabe! Mit Interviews und Fotos bildschöner Mädchen! Der schnellste und einfachste Weg, Frauen kennenzulernen«, wird auf der Titelseite der amerikanischen Ausgabe behauptet. (Meine Ausgabe erschien 1970, aber das Buch ist in den USA auch heute noch erhältlich.) Eric*

Kibble von Pick Up Times *schwärmt:* »Wie angelt man sich ein Mädchen? *ist einzigartig, überzeugend und wegweisend. ... Es ist ein Meisterwerk.« Was wollt ihr mehr?*

1970: Heute, nicht morgen

In den kommenden Wochen und danach werden dir Dutzende von supertollen Mädchen begegnen und du nimmst dir vor, jedem einzelnen von ihnen eine Chance zu geben. Alle deine guten Vorsätze sind in Bereitschaft und warten nur darauf, in die Tat umgesetzt zu werden.

Doch dann passiert etwas sehr Seltsames. Ein wirklich köstliches Objekt läuft dir über den Weg, du bist auf dem Sprung – und streckst plötzlich alle viere von dir und streichst die Segel ein. Kein Funken Interesse mehr. »Eigentlich habe ich keine Lust und keine Zeit. Außerdem brauche ich mehr Erfahrung und Übung. Vielleicht morgen. Jetzt ist mir nicht danach.«

Falls dich derartige Anwandlungen überkommen, du dir also kleine Lügenmärchen zurechtzimmerst, möchte ich dir mit aller Dringlichkeit raten, dich zu besinnen und diesen Selbstbetrug zu unterlassen. Ein für alle Male. So kommst du keinen Schritt weiter; aus dem Morgen wird das Übermorgen und schließlich das Nie. Wenn es darum geht, die Bekanntschaft einer Frau zu machen, ist nichts so wertvoll wie das Heute, das Jetzt.

Jeder Aufschub macht eine vielversprechende Erfah-

Lass diesen Selbstbetrug

rung zum Nichts, und du siehst ein Mädchen nach dem anderen aus deinem Leben tanzen. Frauenbekanntschaften machen ist nicht so schwer und schon gar nicht geeignet, dich in Panik zu versetzen. Mit etwas Spontaneität und echtem Willen kannst du dich ständig selbst übertreffen.

Wenn du dich das nächste Mal dabei erwischst, Ausreden gegen Aktivität zu erfinden, sei wütend auf dich. Sag dir selbst, dass diese Art von Vorgehen albern und verlustbringend ist. Korrigiere dich selbst. Bekämpfe deine Passivität. Und dann tu's. Auf der Stelle. Sag irgendwas. Sag ihr, ihr Blick zwinge dich dazu, sie anzusprechen. Sag ihr, dir sei ihr wunderschönes Haar aufgefallen. Oder ihre herrlichen kleinen Füße. Egal was. Aber bring sie dazu, stehenzubleiben, dir zuzuhören. Dann ist die halbe Schlacht geschlagen, und du kannst erst mal tief durchatmen.

Du musst dir darüber im Klaren sein: Es versucht und dabei gestottert zu haben ist immer noch besser, als dir selbst großartig vorzumachen, sowieso kein Interesse zu haben. Du wirst mutiger und selbstsicherer. Denn du weißt, du hast dein Bestes gegeben: das erste Erfolgserlebnis.

Eric Weber, *Wie angelt man sich ein Mädchen?*

Noch immer ein bisschen schüchtern, wenn es um Mädchen geht? Keine Ahnung, was du sagen sollst? Was tun? Wie paralysiert vor Angst? »Gebrauche deinen Verstand, mein Junge, und nutze deine Chance«, schreibt Louis LeClaire Jones. An deiner Stelle würde ich auf ihn hören.

1940: Wagemut contra Selbstvertrauen

In einer ruhigen, gelassenen Zuversicht

Vielleicht gibt es da ein Mädchen, das du »aus der Ferne« bewunderst, weil dir der Mut fehlt, ihm näherzukommen, obwohl du es gern zur Freundin hättest. Dabei könnte es durchaus sein, dass es dich gern besser kennenlernen würde, deine Schüchternheit aber für Gleichgültigkeit hält, und durch dieses Missverständnis kann die Chance einer wunderbaren Freundschaft vielleicht für immer vertan sein. Es könnte dich überraschen, wie herzlich man dir entgegenkommen würde, wenn du dein Gefühl von Minderwertigkeit überwinden oder zumindest für eine Weile beiseitelassen könntest.

Zwischen »Wagemut« und »Selbstvertrauen« besteht ein großer Unterschied. Wagemut setzt man ein, um eine Situation zu erzwingen, während Selbstvertrauen durch beständiges, aufrichtiges Bemühen entsteht, durch Lernen und Erfahrung sowie die Entschlossenheit, seine Ziele auch erreichen zu wollen. Wenn jemand *wagemutig* ist, dann weiß er, dass er etwas in Angriff nimmt, was er eigentlich nicht erreichen kann, hofft aber auf einen Erfolg. Mit *Selbstvertrauen* nähert man sich dem Problem in einer ruhigen, gelassenen Zuversicht, die Furcht vor einem Scheitern gar nicht erst aufkommen lässt. Wenn du dir dieses Mädchen entgehen lässt, mein Junge, kann das daran liegen, dass dir vielleicht ein bisschen von beidem fehlt, sowie an einem »Komplex«, in den du dich verrannt hast!

Louis LeClaire Jones, *Birthday Chats with Tomorrow's Man*

1956: Wie bitte ich um ein Date?

Liebenswürdig und präzise

Um ein Rendezvous zu bitten ist einfacher, wenn der Junge sich bewusst macht, dass er lediglich eine Einladung ausspricht und alle Einladungen liebenswürdig und präzise vorgebracht werden sollten. Daher empfiehlt es sich, dass der Junge freundlich lächelt, wenn er um ein Date bittet. Darüber hinaus sollte er sich klar und unmissverständlich äußern. Dem Mädchen wird gefallen, wenn er beispielsweise sagt: »In der Kirche an der Richmond Avenue wird am Freitagabend der Film *A Greater Challenge* gezeigt. Möchtest du ihn dir mit mir zusammen ansehen?« Eine Einladung in dieser Form informiert das Mädchen über das »Wann« und »Wo«. Das hilft ihm bei der Entscheidung, ob es die Einladung annehmen kann.

Fragen wie »Was machst du am Samstagnachmittag?« sollten Jungen vermeiden. Vielleicht hat das Mädchen gar nichts vor, doch das wird es nicht sagen, bevor es nicht weiß, was der Junge unternehmen möchte.

Clyde M. Narramore, *Life and Love. A Christian View of Sex*

Nehmen wir an, du bist inzwischen mutig genug, deine »Angebetete« um ein Rendezvous zu bitten. Hier sind ein paar nützliche Tipps für die entscheidende Frage.

1967: Sei höflich

Wenn du ein Mädchen um ein Date bittest, solltest du zu erkennen geben, dass du wirklich gern mit ihm ausgehen würdest. Wichtig ist vor allem, wie du deine Frage vorbringst, denn wenn dich das Mädchen am Telefon für nicht gerade höflich hält, könnte es annehmen, dass du auch sonst unhöflich bist. Eine telefonische Bitte um ein Treffen könnte vielleicht wie folgt verlaufen:

MARY: »Ja, bitte?«

JIM: »Hi, Mary, hier ist Jim Jones.«

MARY: »Hi, Jim, wie geht es dir?«

JIM: »Danke, gut. Sag mal, hast du die Mathe-Aufgabe heute verstanden? Ich fand sie ziemlich schwer.«

MARY: »Mir ging es genauso, aber schließlich habe ich sie gelöst.«

JIM: »Ich auch. Hör mal, Mary, Bob und Larry wollen am Sonntag mit Jean und Jane zur *White-Kar*-Rollschuhbahn – gegen sieben. Ich würde zu gern mit dir auch hingehen, und wir werden um zehn wieder zuhause sein. Hast du Lust?«

MARY: »Das hört sich aufregend an! Ich freue mich darauf, mit dir Rollschuhlaufen zu gehen, Jim. Holst du mich kurz vor sieben ab?«

JIM: »Sicher. Ich freue mich auch. Dann bis morgen in der Schule, Mary.«

MARY: »Auf Wiedersehen.«

Einladungen dieser Art gefallen ihr

Dieses Gespräch war für Mary eine große Hilfe. Sie weiß alles, was sie wissen muss. Mary weiß, dass Jim wirklich gern mit ihr ausgehen würde. Sie weiß, dass sie etwas Sportliches anziehen und gegen sieben fertig sein sollte. Sie kann ihren Eltern sagen, dass sie um zehn wieder zuhause sein wird. Einladungen dieser Art gefallen ihr, weil nichts im Unklaren geblieben ist. Er hat ihr sofort gesagt, wer er ist, anstatt kindische »Rat-mal-wer-ich-bin«-Spielchen zu spielen. Kein Mädchen gibt gern zu, dass es einen Jungen nicht an der Stimme erkannt hat, weil sich am Telefon viele ähnlich anhören.

Auch Marys Eltern gefällt Jims Vorgehen. Sie erhalten wichtige Informationen, ohne ihn ausfragen zu müssen, wenn er sie abholt. Natürlich möchten sie erfahren, wohin ihre Tochter geht und mit wem, aber sie unterziehen einen Jungen ebenso ungern einem Verhör, wie der sich ausfragen lässt.

Auch Jim ist zufrieden mit dem Verlauf des Gesprächs. Er kann sicher sein, dass Mary etwas Passendes anziehen und ihren Eltern von ihren Plänen erzählen wird. Darüber hinaus kann er seinen Eltern ebenfalls mitteilen, wann er wieder zurück sein wird. Dates, bei denen Umstände und Bedingungen von vornherein feststehen, machen mehr Spaß. Man kann sich uneingeschränkt auf das bevorstehende Ereignis freuen, anstatt sich zu fragen, was man unternehmen wird und ob man auch richtig gekleidet ist.

Evelyn Millis Duvall, *The Art of Dating*

1961: Klasse Tipps

VERGEUDE KEINE ZEIT

Wenn du ein Mädchen kennengelernt hast, das dich interessiert, grüble nicht wochenlang darüber nach, ob und wie du es um ein Date bitten solltest. Inzwischen könnte es längst vergessen haben, wie unwiderstehlich du bist. Frage es, wenn du den Drang danach verspürst. Jetzt.

SEI DIREKT

Ruf sie an, frage, wie es ihr geht und so weiter, aber dann, nach einer Minute belanglosen Geplauders, stell deine Frage: »Möchtest du am Samstagabend mit mir ins Kino gehen?« So erhältst du ein zügiges Ja oder Nein und vermeidest es, um den heißen Brei herumzureden, was sich häufig als nervenaufreibend erweist. Sicher, du wirst dir ein paar Absagen einhandeln. Aber auch unerwartete Zusagen. Auf lange Sicht wirst du feststellen, dass sich beides ausgleicht, und bei deinen Kontaktaufnahmen sehr viel gelassener werden. Und natürlicher.

METHODE HÖHLENMENSCH

Spring auf sie zu, pack sie bei den Haaren und sage: »Süße, du gehst heute mit mir in die Abendvorstellung!« Dabei solltest du besser leicht mit den Augen zwinkern … und auf einen Fausthieb gefasst sein.

SEI DU SELBST
Wenn du das schaffst, besteht die Chance, dass es auch ihr gelingt.

Art Unger, *The Cool Book. A Teen-Ager's Guide to Survival in a Square Society*

Gut, gut. Jetzt wissen wir einiges über Jungen, die Mädchen um ein Rendezvous bitten. Aber wie ist es, wenn Mädchen den ersten Schritt machen? Auch wenn in der klassischen Ratgeber-Literatur im Hinblick auf diese alternative Methode nicht übermäßig viel zu finden ist, wird doch auch eine gewisse Hoffnung geäußert, dass junge Damen selbstsicher genug sind, ihr Schicksal in die eigenen Hände zu nehmen. Ellen Peck behandelt dieses Thema in ihrem fabelhaften Buch How to Get a Teen-Age Boy and What to Do With Him When You Get Him. *Wenn wir ihnen die Sache nicht leicht machen, passiert offensichtlich gar nichts. Diese dummen Jungs.*

1969: Ergreife die Initiative!

Es fällt ... leichter, offensiver zu werden, wenn man aufhört, sich Sorgen darüber zu machen, ob und wie andere (Jungen) darauf reagieren. Denke nicht lange über die möglichen Konsequenzen einer Abfuhr nach – oder von Tratscherei – und ergreife selbst die Initiative! Lächele ihn an, winke ihm zu, rede ihn an. Wenn du wie eine Statue herumstehst und darauf wartest, dass er den ersten Schritt tut, könntest du eine Menge Staub ansammeln. Du solltest von deinem Sockel heruntersteigen, Gespräche suchen und Bekanntschaften schließen. Es kommt auf dich an, nicht auf ihn. Der verhängnisvollste Rat, der jemals geäußert wurde? »Verhalte dich damenhaft. Sei nicht vorwitzig. Warte darauf, dass er dich anspricht. Er wird es tun, wenn er dazu bereit ist.«

Wie absurd. Wir müssen den Mythos »damenhaftes Verhalten« loswerden, wenn das bedeutet, wie aus Stein gemeißelt herumzustehen. Verabschiede dich von der Vorstellung, es wäre unweiblich, den ersten Schritt zu machen. Es ist sogar sehr weiblich. Es sollte doch ziemlich eindeutig sein, dass Frauen jeden Alters und überall auf unserem Planeten die gleiche Aufgabe haben: es Männern leichter zu machen. Frauen tippen Männern ihre Briefe, kochen ihnen das Essen, halten ihnen die Wohnung in Ordnung, planen ihre Partys, bügeln ihre Hemden und machen ihnen das Leben angenehmer. Warum sollten wir dann ausgerechnet den Beginn einer Unterhaltung einem Kerl überlassen? Das macht doch einfach keinen Sinn. Vor allem, da du unbefangener bist als er und besser weißt, *wie* man sich unterhält. ...

Sicher, du könntest dir auch eine Abfuhr holen. So etwas kommt vor. ... Falls es passiert, empfiehlt sich als Reaktion ein schlichtes »Im Ernst?«.

Äußere die beiden Worte mit einem leicht überlegenen Lächeln und entferne dich. Sie sind eine Art Zauberformel. Denn sie passen zu jeder Bemerkung und lassen den Jungen darüber nachgrübeln, wie du sie eigentlich gemeint hast. Mit anderen Worten: Du hast die Oberhand gewonnen.

Es kommt auf dich an, nicht auf ihn

Vergiss nicht, dass der Junge Mädchen gegenüber befangen sein könnte und dich vielleicht unabsichtlich gekränkt hat. Dann ist deine Reaktion besonders gut geeignet. Denn damit schlägst du die Tür nicht ganz zu (wie es mit einer groben Retourkutsche der Fall wäre), und so besteht durchaus die Chance, dass du den Jungen doch noch näher kennenlernst. Später, wenn er ein bisschen erwachsener ist.

Selbst wenn – nehmen wir an, es kommt zum Allerschlimmsten – ein Junge zu dir sagt: »Hey, verschwinde. Lass mich in Ruhe.« Äußere deine zwei Zauberworte, geh zu deinen Freundinnen zurück und mach deinem Herzen Luft: »Ihr werdet nicht glauben, was für einem *Idioten* ich gerade begegnet bin!«

Denn das ist er. *Er* hat Probleme. Du nicht.

Ellen Peck, *How to Get a Teen-Age Boy and What to Do With Him When You Get Him*

1940: Anrufe

Junge Menschen greifen ganz selbstverständlich zum Telefon, um einander etwas mitzuteilen, zu scherzen oder Einladungen auszusprechen. Noch vor einer Generation riefen Mädchen junge Männer nicht an, sondern warteten darauf, dass sie angerufen wurden. Das moderne Mädchen ruft einen Jungen an, um ihm etwas zu sagen oder vorzuschlagen – so freimütig, als würde es mit seiner Großmut-

Wirklich bewundernswert und sehr erfrischend

ter telefonieren. Keineswegs wird es dabei mit honigsüßer Stimme fragen: »Was hast du heute Abend eigent- lich vor? Wollen wir uns nicht treffen und etwas gemeinsam unternehmen?« Ebenso wenig wird das Mädchen am Telefon gurren und turteln, um den Jungen zu beschwatzen. Stattdessen erklärt es ihm ganz unverblümt, was es von ihm will, falls er nichts anderes vorhat, lernen oder arbeiten muss. Und er wird den Vorschlag ebenso unverblümt annehmen oder ablehnen. Das offenherzige und direkte Verhalten der jungen Leute von heute ist wirklich bewundernswert und sehr erfrischend.

Margery Wilson, *Pocket Book of Etiquette*

Um ein Date gebeten zu werden heißt noch lange nicht, dass man der Bitte auch folgen muss. Allerdings sollte man seine Ablehnung freundlich formulieren (und sich auf der anderen Seite damit abfinden). Als verantwortungsvolle Ratgeberin verweise ich auf die folgenden Tipps:

1956: »Nein, heute kann ich nicht«

Von dem Jungen wäre es eine Unhöflichkeit, wollte er sich bei einer solchen Antwort nach dem Grund erkundigen. Wenn er dennoch auf einer Antwort zu bestehen sucht, dann hat das Mädchen ein Recht darauf, ihn einfach wegen

seiner Hartnäckigkeit auszulachen oder glatt das Thema zu wechseln.

Will ein Mädchen aber überhaupt nicht mit einem bestimmten Jungen ausgehen, dann tut es ihm einen Gefallen, wenn es ihn nicht zu weiteren Anfragen ermuntert. Ihn hinzuhalten, das zieht die Ablehnung nur zu lange hinaus und ist dem Jungen gegenüber auch nicht recht. Das Mädchen kann für eine solche grundsätzliche Ablehnung mancherlei Gründe haben. Vielleicht trinkt er oder verkehrt in loser

Gesellschaft, vielleicht hat er einen schlechten Ruf oder ist ein Mensch, mit dem das Mädchen aus irgendeinem Grunde nicht zusammen sein möchte. Wenn ein Ausgehen miteinander nach ihrer Meinung überhaupt nicht infrage kommt, dann sollte sie seine Aufmerksamkeiten bestimmt und endgültig, aber auch höflich abweisen.

Evelyn Millis Duvall, *Verliebt ist nicht verheiratet. Offene Worte für junge Menschen*

1922: Verhalten gegenüber Männern

Männliche Bekannte sollten sorgfältig ausgewählt und Einladungen von ihnen gründlich erwogen werden.

Wenn die Einladung eines Mannes persönlich abgelehnt wird, sind keine Erklärungen erforderlich. Falls sie dennoch wünschenswert erscheinen, sind sie so taktvoll wie möglich vorzubringen und ohne jede Kränkung.

W. C. Green, *The Book of Good Manners. A Guide to Polite Usage for All Social Functions*

Abgesehen von Evelyn Millis Duvalls Ratschlägen gehe ich davon aus, dass du inzwischen fit in Sachen Dates bist und dir ein gewisses Mädchen oder einen gewissen Jungen kapern (oder gekapert werden) möchtest. Daher ist es Zeit für den nächsten Schritt: einen Lehrgang im Flirten.

5. Kapitel

Die hohe Kunst des Flirtens

FRAGE: Liebe Miss Abigail,
ich bin echt am Verzweifeln. Klar, andere Jungen wollten mit mir ausgehen, aber der, auf den ich ein Auge geworfen habe, würdigt mich kaum eines Blickes. Wie kann ich seine Aufmerksamkeit erringen?

ANTWORT: Schon mal was von Flirten gehört? Manchen scheint es angeboren zu sein, aber für viele ist es eine Fähigkeit, die erlernt und verbessert werden muss. Beginnen wir mit ein paar Ratschlägen aus Dorothy Dix' *How to Win and Hold a Husband.* Deine fabelhaften Flirtkünste sind gefragt!

1939: Lockmittel, denen Männer nicht widerstehen können

Wir sollten die kleinen Tricks und Kniffe nicht unterschätzen, für die praktisch alle Männer empfänglich sind. Wenn du die beherrschst, kannst du darauf vertrauen, nie ohne Date zu sein und schließlich mit dem Mann deiner Wahl vor den Altar zu treten. Hier sind sie:

DER AUFFORDERNDE AUGENAUSDRUCK. Eine Art Na-mach-schon-Blick, wenn du verstehst, was ich meine. Ein Blick, der einem Mann subtil zu verstehen gibt, dass ein Mädchen ihn für einen großartigen, bewundernswürdigen Pascha hält und nichts lieber tut, als ihn voller Hingabe anzuhimmeln.

Kein Junge trifft sich ein zweites Mal mit einem Mädchen, das ihn von oben herab behandelt. Kein Junge wird ein Mädchen lieben, das kalt und abweisend ist wie eine Marmorstatue. Falls es je eine Zeit gab, in der Männer Frauen nachliefen, die sie missachteten, ist sie längst vorüber. Der moderne Mann muss zur Liebe verführt werden. Von selbst käme er bedauerlicherweise nie auf die Idee. …

DIE KUNST DER DOSIERUNG. Überhäufe Männer nicht mit Bewunderung. Das mögen sie nicht. Aber jeder wird dir aus der Hand fressen, wenn sie mit Zuckerstückchen gefüllt ist. Begehe nicht den groben Fehler, einem

Überhäufe Männer nicht mit Bewunderung

Mann rundheraus zu sagen, dass er ein Meisterwerk Gottes ist. Mach ihm das vielmehr auf andere Weise deutlich: durch deinen Gesichtsausdruck, durch die Hochachtung, mit der du seinen Ansichten lauschst, durch deine entzückte Miene, wenn er Monologe über sich selbst hält.

Dorothy Dix, *How to Win and Hold a Husband*

Manche scheuen vor dem Flirten zurück. Sie befürchten, die Dinge möglicherweise zu weit zu treiben oder sich unpassend zu verhalten. Natürlich gibt es geeignete und ungeeignete Situationen, aber ich persönlich halte das Flirten in der richtigen Umgebung für eine gute Sache: die Blicke aus der Distanz, die »Zufälligkeit«, mit der ein Arm einen anderen berührt, das Klimpern mit den Wimpern. Welches Balz-Ritual könnte mehr Spaß machen?

1963: Sollte man flirten?

Ja und nein. Ja, wenn du es tust, weil du den Jungen magst – oder Jungen ganz allgemein. Ja, wenn du flirtest, um dem Jungen zu schmeicheln. Ja, wenn du dich locker und natürlich gibst. Ja, wenn du auch mit Mädchen befreundet bist.

Flirten, um dem Jungen zu schmeicheln

Nein, wenn du nur flirtest, um zu beweisen, dass du einen Jungen auf dich aufmerksam machen kannst. Nein, wenn du vorhast, ihn fallen zu lassen, sobald er sich für dich inte-

ressiert. Nein, wenn du ihm einem Mädchen abspenstig machen willst, das ihn wirklich gern hat. Nein, wenn du damit erreichst, dass sich Mädchen von dir zurückziehen.

Enid A. Haupt, *The Seventeen Book of Etiquette & Entertaining*

Für weitere Unterweisung junger Damen in der hohen Kunst des Flirtens greife ich wieder auf Ellen Pecks How to Get a Teen-Age Boy and What to Do With Him When You Get Him *zurück und zitiere aus einem Kapitel über Partybesuche.*

1969: Der intensivste Flirt

Das ernsthafteste Flirten besteht in körperlichen Berührungen. ... Wenn es an der Zeit ist, das Licht auszuschalten, und du nichts verpassen möchtest, hier ein paar Tipps, wie du dafür sorgen kannst, dass Neil bei dir bleibt, anstatt sich auf die Suche nach Sheila zu machen.

Lege etwas ab, damit meine ich einen *Ohrring*. Wirf deine Haare in den Nacken und reibe dir das Ohrläppchen. Schildere das angenehme Gefühl, den Druck los zu sein.

Oder nimm deine Uhr oder dein Armband ab, streiche dir über das Handgelenk und betone, wie gut sich das anfühlt.

Sag ihm, dass seine Schultern ganz verspannt aussehen. (Er wird dich für unglaublich einfühlsam halten; aber nahezu jeder hat verspannte Schultern.) Füge hinzu, wie wichtig lockere Schultern sind, und schlage ihm vor, seine zur Entspannung ein bisschen kreisen zu lassen. Das machst du natürlich vor, weil dein Oberkörper dabei besonders gut zur Geltung kommt.

Weil er sich dabei reichlich ungeschickt anstellt, kannst du ihm deine Hände auf die Schultern legen und ihm zeigen, wie man es richtig macht. Dann kannst du ihm erklären, dass seine Schultern nicht nur verspannt, sondern auch sehr muskulös sind.

Weitere körperliche Kontakte? »Greife« nach seinen Fingern, wenn er dir ein Glas reicht. Du solltest nicht rauchen, weil Studien bewiesen haben, dass man davon *sterben* kann, aber wenn du es doch tust, berühre seine Hand, wenn er dir Feuer gibt.

Wenn er einen Scherz macht, beuge dich beim Lachen leicht vor und berühre seinen Arm. Oder blicke ihn mit großen Augen an, wenn er etwas Schwerwiegendes sagt, lege ihm eine Hand auf den Arm und hauche: »Das ist nicht dein Ernst!« Mit dieser Geste kannst du auch einen Stimmungswechsel signalisieren. Als Neil vor wenigen Minuten auf deinen Scherz nicht reagierte, hättest du leicht seinen Arm berühren und sagen können: »Okay, okay, ich höre ja schon auf.«

Wirf deine Haare in den Nacken und reibe dir das Ohrläppchen

Komm ihm beim Stehen und Sitzen sehr nahe. (Aber lehne dich nicht an ihn; das wäre zu auffällig.) Schau ihm intensiv in die Augen. Im allgemeinen Verständnis ist das eine Aufforderung.

Der er fast immer nachkommt.

Ellen Peck, *How to Get a Teen-Age Boy and What to Do With Him When You Get Him*

1969: Partys

Auf ein paar Ideen bringen

Party-Verhalten ist eine Übertreibung normalen Verhaltens. Man geht aus sich heraus. Flirts werden heftiger. Und weil sie die turbulenten Vorgänge verschrecken, ziehen sich Angsthasen noch mehr in sich selbst zurück. Sei kein Angsthase. Mach mit. …

Lockeres Benehmen ist nur ein Weg zum erfolgreichen Flirt. Ein anderer ist – Dreistigkeit. Vermittle durch dein Verhalten den Eindruck, dass der Junge, mit dem du gerade sprichst, dich sehr viel mehr bewundert, als er das in Wirklichkeit tut.

Ihr wisst beide, dass du nur Spaß machst. Aber bei der ganzen Scherzerei könntest du ihn auf ein paar Ideen bringen. Und ein Junge wird bestimmt annehmen, dass ein derart sicher auftretendes Mädchen durchaus Grund für sein Selbstbewusstsein hat.

Ellen Peck, *How to Get a Teen-Age Boy and What to Do With Him When You Get Him*

Während Ellen Pecks Ratschläge ermutigend sind, mahnt Mabel Hale zur Vorsicht. Du musst selbst entscheiden, wem von beiden du mehr zustimmst.

1922: Der Einfluss der Mädchen

Mädchen üben auf Jungen mehr Einfluss aus, als ihnen oft bewusst ist. Ein Junge, der in Gesellschaft eines Mädchens grob und rüpelhaft ist, kann sich in der eines anderen wie ein Gentleman benehmen. Es kommt ganz auf das Mädchen an. Ist es »laut« und ungebärdig, lacht es über seine dummen und anstößigen Bemerkungen, wird er sich entsprechend verhalten. Aber im Zusammensein mit einem Mädchen, das auf seine Art immer ruhig und bescheiden ist und nie über etwas Unanständiges oder Vulgäres auch nur lächelt, benimmt er sich, wie es von ihm erwartet wird. Es mag vielleicht so aussehen, als hätte er mit dem ersten Mädchen mehr Spaß, aber das andere wird er respektieren. Kein Mädchen tut sich einen Gefallen, wenn es Jungen Vertraulichkeiten gestattet. Es kann sich so verhalten, dass sie sich ihm gegenüber keine Freiheiten herausnehmen. Mädchen sollten mit Jungen weder raufen noch ihnen gestatten, sie zu umarmen, zu küssen oder auf eine alberne gefühlvolle Weise ihre Hand zu halten. Kuss-Spiele sind töricht und von Nachteil. Es schickt sich nicht für Mädchen, Jungen zu Komplimenten zu ermutigen, und auch nicht, diese allzu begierig zu empfangen. Verhalte dich reserviert und vorsichtig, und auch wenn du nicht so beliebt zu sein scheinst wie das vorlaute, leichtsinnige Mäd-

Verhalte dich reserviert und vorsichtig

chen, das mit den Jungen stets Unsinn treibt, kannst du dir des Respekts der feinsten Jungen und jungen Männer sicher sein, die andere hingegen nicht.

Mabel Hale, *Beautiful Girlhood*

6. Kapitel

Gutes Aussehen

FRAGE: Liebe Miss Abigail,
es hat funktioniert: Ich habe ihn mir geschnappt. Aber ich habe absolut nichts anzuziehen! Was soll ich bei unserem ersten Date tragen?

ANTWORT: Es kommt nicht nur darauf an, was du anziehst, sondern auch auf deine Frisur, dein Parfum, dein Make-up. Dieses Kapitel befasst sich mit der persönlichen Pflege, einem für Dates nicht ganz unwichtigen Thema.
Jetzt ist der perfekte Zeitpunkt, dein Wissen über bestimmte Dinge zu überprüfen. Die erste Liste mit Fragen stammt aus dem Hauswirtschaftsbuch *Everyday Living for Girls*. Der Test bringt dir zwar keine Punkte ein, gibt dir aber die Gelegenheit, über deine Pflegegewohnheiten nachzudenken und zu überlegen, was du verbessern kannst.

1936: Wie gut pflegst du dich?

Die folgenden Fragen können Aufschluss darüber geben, ob man gut gepflegt ist oder nicht. Wie viele davon kannst du befriedigend beantworten?

Sprich mit deinen Freundinnen darüber, und tauscht eure Ansichten aus. Vielleicht möchtest du die Fragen deiner Mutter oder einem älteren Mädchen zeigen und sie nach ihrer Meinung fragen, ob du dich gut pflegst. Stelle eine Liste von Maßnahmen auf, durch die für ein gepflegteres Äußeres gesorgt werden kann.

KÖRPERLICHE SAUBERKEIT

1. Badest oder duschst du täglich?
2. Benutzt du ein Deodorant?
3. Entfernst du regelmäßig deine Achselhaare?
4. Bist du frei von Körpergeruch?
5. Falls du Parfum benutzt: Riecht es frisch, unaufdringlich und nicht ordinär?

GESICHT UND HALS

1. Hast du einen reinen Teint, eine klare Haut?
2. Sind dein Gesicht, dein Hals und deine Ohren sauber?
3. Weist dein Puder den passenden Farbton auf? Ist er absolut unauffällig?
4. Falls du Rouge benutzt: Welchen Kriterien folgst du bei Auswahl und Anwendung?
5. Hältst du beim Baden, Essen und Sporttreiben bestimm-

te Regeln ein, um ein anziehendes Äußeres zu bekommen?

AUGEN UND BRAUEN

1. Sind deine Brauen natürlich geschwungen und gebürstet?
2. Sehen deine Augen natürlich und nicht übertrieben geschminkt aus?
3. Hast du klare, strahlende Augen? Blickst du anderen direkt in die Augen, wenn du mit ihnen sprichst?

HÄNDE

1. Sind deine Hände sauber?
2. Sieht die Haut glatt aus und nicht rau und gerötet?
3. Haben deine Finger eine gute Farbe?
4. Sind die Nägel geschmackvoll manikürt und in eine ansprechende Form gefeilt, sodass sie nicht zu lang, zu kurz, zu spitz, zu farbig oder zu glänzend sind?

HAARE

1. Bilden deine Haare einen ansprechenden Rahmen um dein Gesicht?
2. Wirkt deine Frisur ordentlich?
3. Sehen sie gesund, lebendig und gepflegt aus?
4. Ist die Farbe natürlich und nicht gebleicht?
5. Ist dein Haar frei von Schuppen?
6. Wäschst du es mindestens einmal in zwei Wochen?
7. Massierst du dir wenigstens einmal wöchentlich den Kopf?

MUND UND ZÄHNE

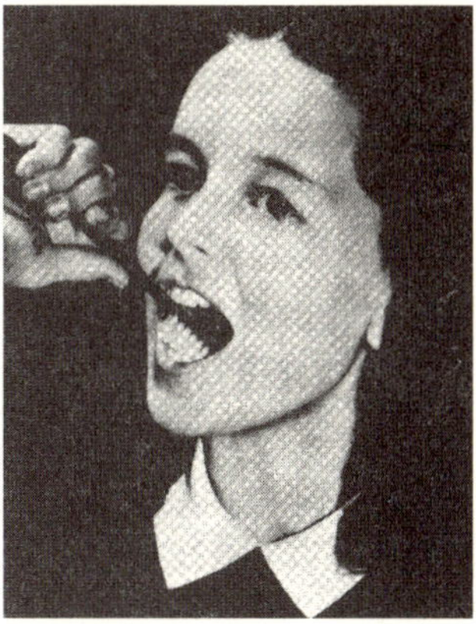

1. Machen deine Zähne einen anziehenden Eindruck? Sehen sie gesund aus?
2. Sind deine Lippen weich und geschmeidig, nicht zu trocken und aufgesprungen?
3. Sorgst du für eine gesunde, natürliche Farbe deiner Lippen und Wangen durch ausreichend Schlaf, körperliche Bewegung sowie ärztliche Behandlung, wenn du zu Blutarmut neigst?
4. Ist dein Atem frei von Geruch?
5. Putzt du dir mindestens zweimal am Tag die Zähne?
6. Lässt du sie einmal oder mehrmals im Jahr von einem Zahnarzt reinigen?
7. Gehst du regelmäßig zum Zahnarzt, um sie untersuchen und notfalls behandeln zu lassen?

OBERBEKLEIDUNG

1. Ist deine Kleidung sauber, fleckenlos und ohne Geruch?
2. Sind mögliche Schäden sorgfältig geflickt?
3. Falls du helle oder weiße Schals, Kragen, Manschetten oder Stoffblumen trägst: Sind sie sauber und in Ordnung?
4. Ist deine Kleidung gut gebügelt, ohne hässliche Falten?

5. Ist sie gebürstet, sind Staub, Schuppen oder Haare davon entfernt? Bewahrst du eine Bürste in deinem Spind auf, um deine Kleidung zu säubern, sobald das nötig ist?

SCHUHE UND STRÜMPFE

1. Hältst du deine Schuhe sauber und blank? Wischst du sie jeden Abend ab? Wenn nicht, wie oft? Wie oft polierst du sie blank? Hast du Schuhputzzeug in deinem Zimmer?
2. Sind deine Absätze sauber und nicht schief abgelaufen? Achtest du beim Schuhputzen auch auf die Absätze?
3. Sind deine Strümpfe sauber? Ziehst du jeden Tag ein neues Paar an? Wäschst du deine Strümpfe, wie es die meisten Mädchen tun, die einem Beruf nachgehen oder das College besuchen?
4. Achtest du auf den korrekten Sitz der Nähte und darauf, dass deine Strümpfe an den Knöcheln keine Falten werfen?
5. Werden mögliche Schäden und Laufmaschen sorgfältig gestopft?
6. Ist dein Hut sauber und gebürstet?

ZUBEHÖR

1. Ist dein Schmuck in einem tadellosen Zustand?
2. Sind deine Handschuhe sauber?
3. Werden mögliche Löcher ordentlich geflickt?
4. Ist deine Handtasche sauber und in ordentlichem Zustand?

5. Sind dein Taschentuch, deine Puderquaste und dein Kamm sauber?
6. Bewahrst du sie außer Sichtweite auf?

UNTERWÄSCHE

1. Hat dein Schlüpfer die richtige Länge für dein Kleid?
2. Sind deine Träger sichtbar?
3. Ist deine Unterwäsche sauber? Das heißt, wechselst du sie drei- oder viermal in der Woche?

Adelaide Laura Van Duzer, Edna M. Andrix, Ethelwyn L. Bobenmyer und andere, *Everyday Living for Gir*

Da du jetzt vielleicht feststellen konntest, was bei dir verbesserungswürdig ist, sollten dir die folgenden Auszüge eine Hilfe sein, deine Pflegegewohnheiten zu optimieren.

1952: Wie und wann man Parfum benutzen sollte

Zu den Bemühungen eines jungen Mädchens, möglichst anziehend und bezaubernd zu sein, gehört die Verwendung von Parfum. Unter den Geschenken zum dreizehnten oder vierzehnten Geburtstag könnten sich eine Flasche Toilettenwasser und eine kleinere Flasche mit echtem Parfum vom gleichen Duft befinden. Das Toilettenwasser sollte mit einem Zerstäuber ausgestattet sein, um auf das Haar, die Haut

Sparsam und intelligent benutzen

und die Unterwäsche gesprüht sowie nach der Haarwäsche sogar unter das letzte Spülwasser gemischt zu werden.

Das Mädchen wird lernen, dass Parfum eine Betonung der Persönlichkeit ist, und es so strategisch verwenden wie seinen Lippenstift und seinen Schmuck: nie übertrieben auffällig, jedoch immer da, um bemerkt zu werden und anziehend zu wirken. Es wird lernen, Parfum sparsam und intelligent zu benutzen.

Das Mädchen wird lernen, es sich auf das Gesicht und die Schultern zu sprühen, auf das Haar und die Handgelenke ... es wird erkennen, wie viel Freude es bereitet, den Saum eines Ballkleides oder das Futter eines Mantels mit Parfum zu bestäuben. Vor allem aber wird es die Vorzüge sinnlicher Genüsse erfahren, denn wenn es sich mit einem anziehenden Duft umgibt, bereichert es sein Leben mit kultiviertem Luxus.

Nancy Daggert, *Personal Beauty and Charm*

1902: Gemüse ist besser als Kosmetika

Esst Obst, Mädchen

Damen, die sich einen makellosen Teint wünschen, nehmen Gemüse und Obst zu sich, anstatt Kosmetika zu benutzen. Und schütten Sie niemals Gurkenwasser oder den Saft einer Frucht fort, sondern reiben Sie sich damit das Gesicht ein.

Esst Obst, Mädchen – gute, reife Früchte –, wenn ihr eine schöne, klare Haut bekommen oder erhalten wollt.

Und übt euch im Lächeln, nicht in finsteren Blicken. Einem Lächeln wohnt ein wunderbarer Zauber inne. Wie die Wohltätigkeit überdeckt es eine Vielzahl von Sünden.

Professor B. G. Jefferis, *The Household Guide, or Domestic Cyclopedia*

1963: Make-up

Eine kultivierte junge Frau wird niemals durch den falschen oder übermäßigen Gebrauch der unzähligen Produkte auffallen, die in einem Kosmetikgeschäft angeboten werden. Sie wird in der Schule nur wenig Make-up tragen, vielleicht nicht mehr als Lippenstift und Puder. Sie weiß, dass Theaterschminke für die Bühne und nicht für die Straße bestimmt ist. Sie weiß auch, dass die Jungen, an denen sie ein Interesse hat, von allzu auffälligem Make-up nicht beeindruckt, son- dern vielmehr abgestoßen werden. Dein Bruder wird dir das sicher bestätigen.

Ich habe vierhundert Schüler einer Privatschule an der Westküste danach gefragt, was ihnen an Mädchen am wenigstens gefällt. Die meistgenannte Antwort lässt sich in den Worten eines Jungen zusammenfassen: »Wenn sie zu viel von diesem Mist im Gesicht haben!«

Zu viel von diesem Mist im Gesicht

Interessanterweise konnte ich in der Gruppe keinen einzigen exzentrisch gekleideten Jungen entdecken. Aber wäre einer darunter gewesen, hätte er vermutlich gesagt: »Mir gefällt es!« Denn das ist der Jungentyp, der für gewöhnlich den Mädchen den Vorzug gibt, die Unmengen von Make-up auftragen.

Anne Culkin, *Charm for Young Women*

1904: Haarpflege

Fünfundzwanzig bis fünfzig Bürstenstriche

Zum Liebreiz und Zauber einer Frau tragen auch heute prachtvolle Haare und eine gefällige Frisur viel bei. Daher gibt es in der Tat nur wenige Frauen, die, nur um sich ein wenig Mühe zu ersparen, diese Schönheit opfern würden, indem sie das Haar kurz geschoren tragen, und sich dem Vorwurf aussetzen, es mangele ihnen an femininen Instinkten. Nahezu alle Frauen sind wegen der Freude, die sie sich selbst und anderen bereiten, bereit, diesem Bestandteil der Persönlichkeit die erforderliche Sorgfalt zu widmen. ...

DER GEBRAUCH DES ONDULIEREISENS

Vom Ondulierеisen muss gesagt werden, dass es viele schöne Haarschöpfe verwüstet hat. Bei behutsamer Handhabung wird das Haar nicht geschädigt, aber ein zu heißes Eisen verbrennt das Haar, und sein Glanz ist verloren. Verzichten Sie bei einem zu heißen Eisen auf den weiteren Gebrauch, oder umwickeln Sie es mit Seidenpapier.

DAS BÜRSTEN

Eine gute Bürste, oder auch zwei, wird sich bei geschicktem und regelmäßigem Gebrauch als kräftigend für Haare und Schädeldecke erweisen. Zunächst sollten mit einem Kamm alle zwischen den Borsten verbliebenen Haare entfernt werden.

Greifen Sie zur Bürste und üben Sie mit kreisenden Handbewegungen Druck auf sämtliche Bereiche der Schädeldecke aus; aber nicht zu kräftig, weil das Hautverletzungen verursachen könnte, sondern gerade ausreichend, um die Haarfülle zu durchdringen und die Blutzirkulation zu beleben, die wiederum die Fettdrüsen stimuliert. Dann werden die Haare von den Wurzeln bis zu den Spitzen mit festen, gleichmäßigen Strichen gebürstet. Fünfundzwanzig bis fünfzig Bürstenstriche morgens und abends halten das Haar weich und glänzend und sind besser als jegliche Pomade.

Mary Ries Melendy, *Vivilore. The Pathway to Mental and Physical Perfection*

Durch das nächste Quiz kannst du herausfinden, ob du in Modedingen eher stilsicher bist oder dem neuesten Schrei nachläufst. Ich bin mir sicher, dass dir einige Modetorheiten einfallen, wenn du dir deine Garderobe der letzten Jahre ins Gedächtnis rufst. (Erinnerst du dich an die achtziger Jahre?) Lass uns die gleichen Fehler nicht noch einmal begehen, vor allem nicht beim ersten Date!

1969: Mode oder Marotte?

Was ist eine Marotte, und wie unterscheidet sie sich von echter Mode? Laut Lexikon ist eine Marotte eine »vorübergehende«, für gewöhnlich »irrationale« Modelaune, die »Aufsehen erregt«. Während eine Mode landesweit oder sogar rund um die Welt übernommen werden kann, beschränken sich Marotten häufig auf eine soziale Gruppierung, eine Stadt oder eine geografische Region.

Eine Marotte ist vorübergehend, während eine Mode mindestens eine Saison überdauert, häufig sogar länger.

Eine Marotte soll Aufsehen erregen, während echte Mode alle Auffälligkeiten verabscheut.

Marotten oder Modetorheiten können Spaß machen, im Extremfall aber so salopp und schlampig wirken, dass sie das Auge des Betrachters beleidigen. Andere Marotten sind so unkleidsam und geschmacklos, dass sie eigentlich tabu sein sollten.

KENNST DU DEN UNTERSCHIED?

Hier ist eine Liste von Modetorheiten aus jüngster Zeit. Markiere die, die du *lustig* und harmlos findest, mit *L*, *salopp* und schlampig mit *S*, geschmacklos und *tabu* mit *T*.

1. Du trägst eine – nicht vom Arzt verschriebene – randlose Oma-Brille.

2. Deine Röcke enden eine Handbreit unterhalb des Knies, während alle anderen ein paar Zentimeter ihrer Oberschenkel zeigen.
3. Du trägst Kniestrümpfe zu chicen Kleidern.
4. Du gehst in einem langen Kleid aus dem Secondhand-Shop zu einer Party, auf der alle anderen in kurzen modischen Kleidern erscheinen.
5. Du lässt dir nie die Haare schneiden, weil du auf ihre Länge stolz bist.
6. Du beklebst deine Beine mit Abziehbildchen.
7. Dein Pullover ist so hauteng, dass sich darunter dein BH abzeichnet.
8. Du gehst in einer Armeejacke zur Schule.
9. Du bindest dir einen Schal um den Oberschenkel.
10. Du schmückst jeden deiner Finger mit einem Ring.
11. Du trägst den allerkürzesten Minirock, obwohl du eine mollige 42 bist.
12. Du ziehst schwarze Strumpfhosen zu Schuhen mit Pfennigabsätzen an.
13. Deine Stretchhose sitzt so eng, dass sich dein Höschen darunter abzeichnet.
14. Du steckst dir Buttons an, deren Aufschriften Minderheiten beleidigen könnten.
15. Du trägst ein ledernes »Indianer«-Stirnband.
16. Du behängst dich mit einer Vielzahl von Halsketten.
17. Du gehst in schwarzen Spitzenstrumpfhosen zur Schule.
18. Du trägst »seinen« Rollkragenpullover in der Schule, obwohl der ein paar Nummern zu groß ist.

19. Du trägst ein halbes Dutzend Schlüsselketten als Gürtel um deine Taille.
20. Deine Röcke sind so kurz, dass deine Strumpfränder zu sehen sind.

Antworten: L für 1, 6, 8, 10, 15, 16, 19; S für 3, 5, 11, 18, 20; T für 2, 4, 7, 9, 12, 13, 14, 17. Für jede richtige Antwort erhältst du 5 Punkte. 100 Punkte: Du kannst zwischen Mode und Marotte unterscheiden. 80 oder mehr Punkte: Du bist auch nur menschlich. 60 bis 80 Punkte: Du kleidest dich entweder zu korrekt oder zu salopp. Weniger als 60 Punkte: Vielleicht solltest du dich doch um ein besseres Resultat bemühen.

Kay Thomas, *Secrets of Loveliness*

O-oh. Ich hatte 55 Punkte. Hoffentlich hast du ein besseres Ergebnis erreicht!

1963: Kleide dich dem Anlass entsprechend

Weiblichkeit ist das größte Kapital eines Mädchens. Du solltest nicht leichtfertig darauf verzichten. Genieße es, dich für eine Party oder ein festliches Ereignis anzukleiden. Jungen dürfen Shorts und lange Hosen tragen, aber in einem Kleid würden sie ein bisschen komisch aussehen. Daher trage so oft wie möglich Sachen, die er nicht anziehen kann. Ist dir schon einmal aufgefallen, wie anders du dich verhältst, wenn du dich fein gemacht hast? Du benimmst dich dem Anlass entsprechend, oder? Jungen übrigens auch. Dein Beispiel wird ihn dazu animieren, dir nachzueifern.

Anne Culkin, *Charm for Young Women*

Abgesehen von Quizfragen und ihren Ergebnissen solltest du wissen, dass du selbst mit der kleidsamsten Frisur, dem raffiniertesten Make-up, dem tollsten Parfum, der saubersten Unterwäsche und dem chicsten Outfit kaum den erwünschten Eindruck auf deinen Date-Partner machen wirst, wenn du nicht auch eine liebenswerte Persönlichkeit vorzuweisen hast. Weißt du noch, was du im dritten Kapitel gelernt hast? Im Folgenden führt uns Catherine Atkinson Miller die Wichtigkeit der persönlichen Ausstrahlung vor Augen:

1933: Persönlichkeit zählt mehr als das Aussehen

Nichts ist enttäuschender, als eine bezaubernd aussehende junge Frau kennenzulernen und feststellen zu müssen, dass sie über nicht mehr Persönlichkeit verfügt als eine Stoffpuppe. Hübsche Kleidung kann man von der Stange kaufen, aber eine eigene Persönlichkeit muss entwickelt werden – der Gesamtausdruck eines Menschen, der sich aus seiner Geisteshaltung, seiner Denkweise und seinem Verhalten ergibt. Die Lebenseinstellung mancher Menschen ist so negativ, ihr Denken so oberflächlich und ihr Verhalten so banal, dass wir von einem Mangel an Persönlichkeit sprechen können. Damit meinen wir im Grunde, dass ihnen das fehlt, was die meisten Menschen schätzen: eine anregende, anziehende, liebenswerte Persönlichkeit.

Eine Persönlichkeit muss man sich schaffen, kann dabei aber nicht so direkt vorgehen wie etwa bei der Herstellung eines Kuchens, indem man den Entschluss zum Backen fasst und sich dann genau an die Vorgaben des Rezeptes hält, um ein Ergebnis zu erzielen, das in dem Moment aufgegessen wird, in dem die Familie es entdeckt. Wenn du dir vornimmst, deine eigene Persönlichkeit zu entfalten, und deine ganze Energie auf die Erreichung dieses Ziels konzentrierst, wirst du zu einem selbstgefälligen Pedanten, der gerade die Menschen abstößt, die du für dich einnehmen wolltest. Merkwürdigerweise entwickelt sich eine Persönlichkeit dann am besten, wenn man gar nicht über sie nachdenkt!

Eine anregende, anziehende, liebenswerte Persönlichkeit

Genauso wie sich Glück für gewöhnlich dann einstellt, wenn du so intensiv damit beschäftigt bist, etwas für andere zu tun, dass du ganz vergisst, danach Ausschau zu halten, entwickelt sich eine Persönlichkeit mit Sicherheit dann, wenn du ein ausgefülltes, befriedigendes Leben führst, mit Verständnis für andere Menschen und voller Neugierde auf all die Dinge, die unsere Welt und das Leben so aufregend machen. ...

Die Stärke und der Zauber deiner Persönlichkeit hängen davon ab, in welchem Maß du dazu fähig bist, intensiv zu leben, dich an natürlicher und von Menschen geschaffener Schönheit zu erfreuen, neue Ideen und Träume in Büchern zu entdecken, dich in einer anregenden Tätigkeit zu beweisen, dich den Problemen deiner Zeit zu widmen und dich in beglückenden Beziehungen zu anderen Menschen zu vergessen.

Catherine Atkinson Miller, *Eighteen. The Art of Being a Woman*

1911: Männliche Aufmerksamkeit

Keine Frau hat Anrecht auf mehr Aufmerksamkeit, als ihr Liebreiz und ihr damenhaftes Verhalten gebieten. Jenen, die am anmutigsten sind, wird die meiste Aufmerksamkeit zuteil, und jene, denen nach mehr verlangt, sollten danach trachten, mehr zu erhalten, indem sie die Grazie und Tugenden kultivieren, die eine Frau adeln, aber keine Dame sollte ihren Idealen untreu werden noch ihr Gewissen peinigen oder unterdrücken, um irgendeinem Mann zu gefallen. Ein rechtschaffener Mann wird eine gute Frau bewundern, und Irreführungen bleiben nicht lange verborgen. Prächtige Garderobe oder funkelnde Juwelen werden ihre Unvollkommenheiten oder Täuschungen nicht lange überdecken.

Professor B. G. Jefferis und J. L. Nichols,
Search Lights on Health. Light on Dark Corners

7. Kapitel

Es ist so weit: dein erstes Date

FRAGE: Liebe Miss Abigail,
ich habe es gewagt, und sie ist bereit, sich mit mir zu treffen. Gibt es ein paar Grundregeln, die ich beachten sollte?

ANTWORT: Bevor du auch nur daran denkst, die Stufen zur Haustür deiner Angebeteten hinaufzusteigen (du holst sie doch ab, oder?), möchte ich sichergehen, dass du an deinem großen Tag einen möglichst guten Eindruck machst. Nicht auf sie, Dummerchen – auf ihre *Familie*!

1943: Die erste Begegnung mit den Eltern

Vor einem Rendezvous hat ein Junge ein paar entscheidende Aufgaben zu bewältigen. Zunächst gilt es, herauszufinden, womit er sich das Mädchen und seine Eltern geneigt machen kann. Dann muss die Werbetrommel gerührt werden, denn Mädchen sind eher bereit, mit einem Jungen auszugehen, wenn sie wissen, dass er eine faszinierende Persönlichkeit hat, einen starken Charakter und eine Begabung dafür, sich die richtige Gesellschaft auszusuchen. Und schließlich die Annäherung: Bitten um ein Date sollten so bestimmt und überzeugend formuliert werden, dass sie zu einem Ja führen. …

Um Enttäuschungen zu vermeiden, spricht ein kluger Junge seine Einladung frühzeitig aus. Wie frühzeitig, hängt von der Art des Rendezvous ab. Wenn er sehr weit im Voraus eingeladen hat, beispielsweise zu einer offiziellen Party, gibt er ihr eine kleine Erinnerungshilfe. Er nennt die Uhrzeit, zu der er sie abholen wird, das Beförderungsmittel, die weiteren Gäste der Party und – falls er ein Ansteckbukett schicken möchte – fragt nach der Farbe ihres Kleides. Dieser Check-up in letzter Minute schließt Missverständnisse aus.

Der große Abend ist da. Pünktlich drückt der Junge auf die Türklingel. Wenn er ins Haus gebeten wird, stellt er sich unaufgeregt und selbstsicher vor. Er bleibt stehen, bis die anwesenden Damen Platz genommen haben. Damit bewältigt er die erste gesellschaftliche Hürde. Zweifellos hätte er

Er hat ein wenig herumgeschnüffelt

es vorgezogen, draußen auf sie zu warten, aber wie könnte er das Wohlwollen der Familie mit einem lauten Hupen gewinnen?

Sobald er sich im Wohnzimmer niedergelassen hat, plaudert er artig über das Golf-Handicap ihres Dads und die Bridge-Erfolge ihrer Mutter. Um sich Zutritt zu verschaffen, hat er ein wenig herumgeschnüffelt. Er weiß, dass sein Interesse an ihren Hobbys von strategischer Bedeutung ist.

Die junge Lady schwebt herein – nicht *zu* spät. Er steht auf und hilft ihr in den Mantel. Beide wünschen den Eltern freundlich »Gute Nacht« und deuten beiläufig die Stunde ihrer Rückkehr an. Beim Hinausgehen lässt er ihr den Vortritt. Er hat sich verhalten wie ein Gentleman und damit zweifellos das Herz der Familie gewonnen.

M. Thelma McAndless, *Manners Today*

1939: Nicht nur mit Worten ...

Als wärst du stolz auf ihn

Wenn dir ein Junge gefällt, solltest du ihm das nicht nur mit Worten zu verstehen geben, sondern auch durch dein Verhalten und deine Rücksichtnahme auf ihn. Du nimmst seine Einladungen erfreut an: »Ja, ich komme gern mit. Vielen Dank, dass du mich gefragt hast.« Du hältst es nicht für selbstverständlich, dass er dich am Samstagabend ausführt. Wenn er dich abholt, lässt du ihn nicht warten. Bei eurem Beisammensein lässt du ihn wissen, dass dir der Abend gefällt: »Ein guter Film, findest du nicht auch?« oder »Ich bin froh, dass wir zu dieser Party gekommen sind.« Du benimmst dich, als wärst du stolz auf ihn; du stellst ihn deinen Freundinnen vor; du gibst ihm die Möglichkeit, seine Begabungen vorteilhaft zu entfalten; du zeigst dich an eurer Unterhaltung aufrichtig interessiert. Nichts lässt eine Freundschaft schneller verdorren als selbstgefälliges Verhalten, Unhöflichkeit oder Unehrlichkeit: indem du Einladungen und Geschenke annimmst, als stünden sie dir zu; gelangweilt wirkst oder im Gespräch mit einem Jungen nach anderen Eroberungen Ausschau hältst; ihm Körbe gibst, weil du einen besseren Tänzer gefunden hast oder ihm »Avancen« machst, obwohl du es nicht so meinst.

Ruth Fedder, *A Girl Grows up*

Vielleicht fragst du dich, wie oft du mit einem Mädchen ausgehen solltest. Das Folgende, von keinem anderen als dem Spielshow-Moderator Allen Ludden, wird dir bei der Beantwortung deiner Frage helfen – unabhängig davon, ob ihr beide fest oder nicht ganz so fest miteinander geht.

1954: Wie viele Dates in der Woche?

Im Allgemeinen ist davon auszugehen, dass sich Pärchen, die eine Highschool besuchen, an einem Abend in der Woche, am Freitag- und Samstagabend sowie am Sonntagnachmittag treffen. Das ergibt die stolze Summe von vier Dates pro Woche ohne »unerträgliche« Pausen und ist darüber hinaus ein ziemlich hartes Pensum. Sofern du davon überzeugt bist, dass dein Schwarm auch Schlaf braucht, tust du gut daran, die Zahl von vier Verabredungen nicht zu überschreiten. Schließlich spricht einiges für die Volksweisheit, nach der Entfernung das Herz schneller schlagen lässt. Ganz gleich, wie verknallt die kleine Lady in dich zu sein scheint, könnte ihr das bald leidtun, wenn sie feststellt, dass du dein Zelt vor ihrer Tür aufgeschlagen hast. Sie wird deiner überdrüssig werden und dich in unglaublich kurzer Zeit wie den Abtreter vor ihrer Tür behandeln! So sind die Frauen.

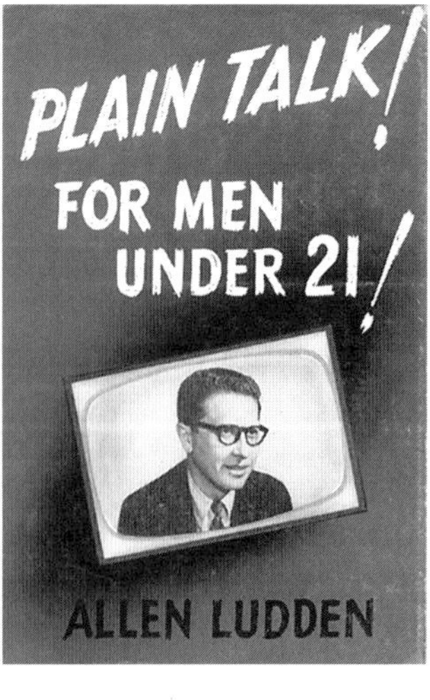

Wenn du eine feste Freundin hast, einige dich mit ihr auf die Zahl eurer Treffen und halte sie ein. Falls du keine hast, ist Entspannung angesagt. Das Viermal-die-Woche betrifft dich nicht. Da du beträcht-

Ein freier und ungebundener junger Verehrer

lich weniger Dates hast als deine versklavten Brüder, kannst du jede deiner Sausen besser planen und ... ja, auch finanzieren. Als freier und ungebundener junger Verehrer der holden Weiblichkeit wirst du nur dann ausgehen, wenn du echt motiviert bist. Aber was du auch tust, komm nicht auf die Idee, dich für einen Außenseiter zu halten, wenn du hin und wieder einen Samstagabend mit den Jungs verbringst. Das kann eine erfrischende Abwechslung sein, was sich oft genug bestätigt, wenn »gute Kumpels« sich treffen.

Allen Ludden, *Plain Talk! For Men Under 21!*

1939: Dinge, die jedes Mädchen unterlassen sollte

Zeige keine zu große Begeisterung, wenn sich ein Mann mit dir verabreden will. Halte das für selbstverständlich. Ein Mann wird sich für einen Trottel halten, wenn er der Einzige zu sein scheint, der dich bemerkt. Erwecke den Eindruck, du hättest an jedem Finger zehn.

Mach es ihnen nicht zu leicht. Kein Mann mag den Pfirsich, der droht, ihm in den Mund zu fallen. Vielmehr verlangt es ihn nach einem, für den er ein bisschen klettern muss, allerdings nicht zu hoch und nicht zu weit. Halte daher eine klug berechnete Distanz ein, bleibe aber dennoch in seiner Reichweite.

Eine Menge gesellschaftlicher Fertigkeiten

Achte darauf, dass du ihn nicht zu offensichtlich bewunderst. Alle Männer sind eitel und hören gern Komplimente, aber keine plumpen Schmeicheleien.

Nimm nicht jede Einladung an. Bleib hin und wieder zuhause. Je rarer sich ein Mädchen macht, desto mehr bemüht sich ein Junge um ein Date. Männer mögen es, wenn auch andere Männer ihre Angebetete schätzen.

Glaube nicht, dass mit einem hübschen Gesicht schon alles gewonnen ist. Das kann natürlich nicht schaden, aber wenn ein Mädchen durchschlagenden Erfolg bei Männern haben will, sollte es daneben über eine Menge gesellschaftlicher Fertigkeiten verfügen. Es muss unterhaltsam und unterhaltend sein, tanzen und eine Partie Bridge spielen können und sich in jede Gesellschaft einfügen.

Dorothy Dix, *How to Win and Hold a Husband*

Wir können nicht oft genug hören, wie man sich in der Gesellschaft anderer korrekt verhält. Hier ein paar nützliche Tipps in dieser Sache – für Jungen und Mädchen gleichermaßen.

1940: Privatangelegenheiten

Auch wenn Körperpflege unverzichtbar ist, sollte sie nicht in der Anwesenheit von Augenzeugen erfolgen. Ein Junge, der sich in der Öffentlichkeit die Fingernägel säubert und feilt, bietet einen ebenso wenig verlockenden Anblick wie einer, der sich den Hals wäscht oder die Zähne putzt. Ein Mädchen, das sich unter den Blicken anderer die Haare kämmt oder beim Schminken Grimassen zieht, verliert einiges von seinem Charme. Beim Betrachten derartiger Betätigungen empfinden die meisten Männer eine gewisse Abscheu. Der passende Ort dafür ist ein Ankleideraum, ein Schlafzimmer oder das Bad. Wenn du dir in Gesellschaft mit einer Puderquaste unauffällig über das Gesicht fährst, wird dir niemand Unfeinheit vorwerfen. Doch selbst das ist ungehörig, wenn du es wiederholt tust, denn es verrät zu viel Sorge um dein Aussehen und zu wenig Rücksichtnahme auf deine Begleitung. Was würdest du von einem Mann halten, der plötzlich einen Elektrorasierer hervorzieht, wenn er mit dir in einem Restaurant zusammen ist, ihn in eine Wandsteckdose einstöpselt, einen Taschenspiegel hervorholt und sich rasiert?

Hier ist die Regel, an die du dich halten solltest: Vermeide in Gesellschaft alles, was die Aufmerksamkeit auf den Körper und seine Funktionen lenkt. Unterdrücke dein Gähnen rechtzeitig, oder halte dir wenigstens eine Hand vor den Mund. Wenn du dir die Nase putzen musst, ziehe dein Taschentuch hervor, um die Sache so diskret wie möglich zu erledigen, und mache es nicht noch auffälliger, indem du dich entschuldigst; es sei denn, du warst gezwungen, mitten in einem Satz innezuhalten. Das Gleiche gilt für den Fall, wenn du niesen oder husten musst. Räuspern, spucken, sich kratzen, die Ohren säubern oder in den Zähnen stochern

In jeder Gesellschaft vermeiden

sind Dinge, die gut erzogene Menschen in jeder Gesellschaft vermeiden.

Eleanor Boykin, *This Way, Please. A Book of Manners*

Mir ist bewusst, dass ich mich bisher in diesem Buch ein bisschen stark darauf konzentriert habe, wie sich junge Frauen bei ihren Dates kleiden und verhalten sollen. Da ich auf keinen Fall möchte, dass jemand zu kurz kommt, habe ich für das Ende des Kapitels zwei Auszüge herausgesucht, die sich an die Männer unter den Lesern wenden. Viel Spaß!

1954: Die männliche Seite

Ein gepflegtes Aussehen, Höflichkeit und ein freundliches, liebenswürdiges Wesen sind die Eigenschaften, die Mädchen bei Jungen am meisten schätzen. Als höflich gilt ein Junge, der sich der vielen kleinen Dinge befleißigt, die einem Mädchen das Gefühl geben, aufmerksam umsorgt zu sein: wenn er sich bei Treffen ganz »seiner Verabredung« widmet und nicht nach einem anderen Mädchen schielt; wenn er ihr in den Mantel hilft, die Tür für sie öffnet und ihr den Vortritt lässt (es sei denn, es ist leichter für sie, wenn er vorangeht: auf dunklen, riskanten Treppen, durch eine Menge, auf Wegen mit tief hängenden Ästen, beim Verlassen von Fahrzeugen), wenn er möglichst immer

Jederzeit und überall selbstsicher und gelassen

links von ihr geht oder sitzt, Filme auswählt, deren Besuch kein langes Schlangestehen erfordert, den Kellnern in Restaurants ihre Wünsche mitteilt sowie sich jederzeit und überall selbstsicher und gelassen benimmt.

Obwohl ein Junge niemals davon ausgehen darf, bei einem Date »getrennte Kasse« zu machen, gibt es Situationen, in denen das durchaus fair und angebracht sein kann. Er sollte sich nur in einem Notfall Geld leihen und das dann so bald wie möglich zurückzahlen. Er kann eine Rechnung durchaus aufrunden, bringt seine Begleiterin aber in Verlegenheit, wenn er beim Bezahlen über einen minimalen Fehler herumstreitet. Die Höflichkeit, mit der er Kellnerinnen, Kellner, Taxifahrer und Tankwarte behandelt, gibt Aufschluss über seinen Charakter.

Wenn ein Junge zweideutige Geschichten erzählt, beleidigende Bemerkungen macht oder ein Mädchen vor anderen oder hinter seinem Rücken kritisiert, braucht er sich nicht zu wundern, wenn sich bald kein gut erzogenes Mädchen mehr mit ihm verabreden möchte.

Mary Beery, Manners Made Easy

1911: Die Kleidung hat Auswirkungen auf unser Verhalten

Abgelenkt durch seine viel zu kurzen Beinkleider

Ein Mann, der schlecht gekleidet ist, fühlt sich unbehaglich und befangen. Er fängt an zu stottern und kann seine Gefühle nicht immer so äußern, wie er das vielleicht gern möchte. Er ist abgelenkt durch seine viel zu kurzen Beinkleider, die ständig hochrutschen, oder seine durchgescheuerte Jacke und sein zerknittertes Hemd peinigen seine Seele und erniedrigen ihn.

Professor B. G. Jefferis und J. L. Nichols,
Search Lights on Health. Light on Dark Corners ...

8. Kapitel

Was unternimmt man bei einem Rendezvous?

FRAGE: Liebe Miss Abigail,
wir haben uns verabredet, aber noch keine bestimmten Pläne für unser Date. Können Sie uns ein paar Vorschläge machen?

ANTWORT: Jetzt wird es wirklich aufregend, und es gibt da zahllose Möglichkeiten: Ihr könnt euch einen Film ansehen oder eine Theateraufführung, gemeinsam essen gehen, tanzen, lange Spaziergänge am Strand bei Sonnenuntergang machen – okay, okay, ich höre mich an wie ein Animateur. Wichtig ist, dass ihr etwas unternehmt, was euch beiden gefällt. Dieses Kapitel bietet eine Reihe von Vorschlägen, unter denen auch für euch das Richtige sein könnte.

1943: Vielseitigkeit macht vieles leichter

Für jede Stimmung eine erfreuliche Gesellschaft

Vor einem Kinobesuch wählt die Dame den Film aus. Danach möchte sie vielleicht zu einer heißen Schokolade eingeladen werden. Sollte ihr Verlangen kostspieliger sein, hat der Junge das Recht, gewisse Grenzen zu setzen.

Wenn Jungen und Mädchen über vielfältige Interessen verfügen, werden sie leichter Freundschaften schließen. Wer singen, tanzen, kegeln und schwimmen kann, ist vierfach glücklich. Der Vielseitige findet für jede Stimmung eine erfreuliche Gesellschaft.

Für die Gestaltung eines Rendezvous ist nicht notwendigerweise der Junge verantwortlich; vieles davon kann auf subtile Art von den Mädchen beeinflusst werden. Der weiblichen Art entspricht es, Zusammenkünfte zu planen, bei denen man wandert, radelt oder auch Würstchen brät. Dabei stellt der Junge fest, wie charmant, intelligent und klug das moderne Mädchen ist. Darüber hinaus wird ihm bewusst, dass das Mädchen, das er gern näher kennenlernen möchte, taktvoll und aufmerksam ist, Verständnis für ihn aufbringt und bereit ist, auch ihm Komplimente zu machen. Selbst wenn es keine Schönheit sein sollte, wird es dann in seinen Augen gut aussehen.

M. Thelma McAndless, *Manners Today*

1956: Lass das Mädchen nicht im Unklaren

Sportlich gekleidet Würstchen grillen

Der Junge sollte dem Mädchen außerdem mitteilen, was sie gemeinsam unternehmen werden. Es ist für keinen von beiden angenehm, wenn er sportlich gekleidet Würstchen grillen möchte, aber feststellen muss, dass seine Partnerin ihren Sonntagsstaat trägt.

Clyde M. Narramore, *Life and Love. A Christian View of Sex*

Irgendwann kommt mit Sicherheit dein Schulabschlussball oder eine andere formelle Festlichkeit auf dich zu. Und in den klassischen Ratgeberbüchern ist Tanzen ein ganz heißes Thema. Zu jeder Zeit haben Autoren eindeutige Ansichten darüber geäußert, ob man an Tanzveranstaltungen teilnehmen soll oder nicht, und wenn ja, wie man sich zu benehmen hat. Aber vergiss nicht: Der Abschlussball ist wie jeder andere Tag auch (an dem du dich in eine Rüschenrobe wirfst, dir Blumen an die Schulter steckst und dich vor einem albernen Baldachin fotografieren lässt!), also gerate nicht in Panik. Das schaffst du doch mit links.

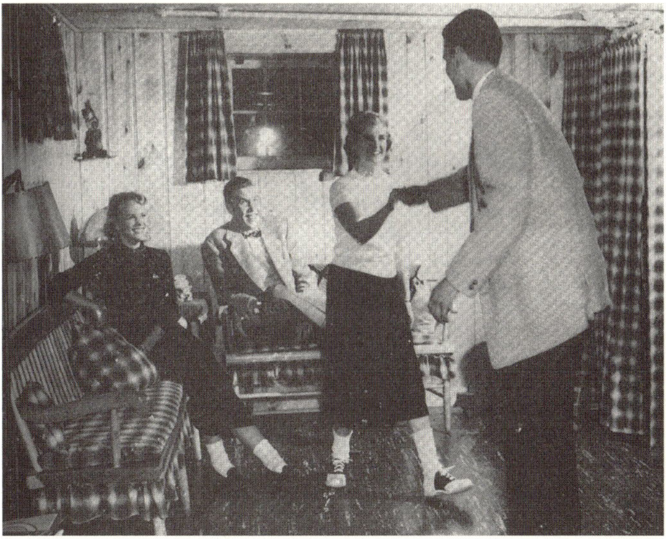

1923: Darf ich um den nächsten Tanz bitten?

Wenn ein Mädchen die Einladung eines Jungen zu einem Ball annimmt, verpflichtet sich der Junge damit, es von zuhause abzuholen, und wird es selbstverständlich zur Veranstaltung und wieder nach Hause begleiten. Beginnt der Ball zu einer festgelegten Zeit, ist es eine Sache der Höflichkeit für das Mädchen, rechtzeitig fertig zu sein. Wenn das Mädchen sehr jung ist oder die Eltern merklich besorgt sind, empfiehlt es sich für den Jungen, bei den Eltern nachzufragen, wann sie ihre Tochter zurückerwarten. Falls es seine fi-

Damit sie mit seiner Robe harmonieren

nanziellen Mittel gestatten, darf der Junge dem Mädchen Blumen schicken, sollte sich zuvor jedoch nach seinen Wünschen erkundigen, damit sie mit seiner Robe harmonieren. Für einen Begleiter ist es üblich, den ersten und letzten Tanz für sich zu reklamieren sowie auch jene unmittelbar vor und nach den Pausen. Er achtet darauf, dass das Mädchen auch für die anderen Tänze Partner hat und nicht leer ausgeht, wenn Erfrischungen gereicht werden. Er übernimmt die Verantwortung dafür, dass es sich gut amüsiert. Die Jungen, deren Namen auf seiner Tanzkarte stehen, oder auch andere, die es vielleicht kennt oder die ihm vorgestellt wurden, fragen: »Darf ich um den nächsten Tanz bitten?« Das Mädchen antwortet mit: »Ja, du darfst« oder: »Ich bedauere, aber dieser Tanz ist vergeben«. Nach dem Ende der Musik ist es an dem Jungen, seiner Freude über den gemeinsamen Tanz Ausdruck zu verleihen. Seine Partnerin erwidert: »Es freut mich, dass es dir gefallen hat« oder: »Mir hat es auch Freude gemacht«. Jungen wie Mädchen sollten auf eine Weise tanzen, die jeden Eindruck vermeidet, sie könnten aus unkultivierten Elternhäusern stammen.

Faculty of the South Philadelphia High School for Girls,
Everyday Manners for American Boys and Girls

Auch wenn die Ansichten des nächsten Autors ein bisschen extrem sind, könnten vorsichtige Mädchen seine Bedenken durchaus in Erwägung ziehen, bevor sie eine Einladung zum Tanz annehmen oder nicht.

1838: Bälle senken die Moral

Ihre moralischen Energien sind erlahmt

Oft erschöpfen wir uns durch die erregende und aufpeitschende Natur unserer Vergnügungen, machen uns unfähig für geistige Anstrengungen und zerstören unsere moralischen Energien. Eine junge Dame ist häufig von der Vorfreude auf einen Ball oder eine Gesellschaft so in Anspruch genommen, ihre Gedanken und Gefühle sind ganz in die Vorbereitung darauf vertieft, und bei dem Ereignis selbst in so hohem Maße erregt, dass sie für Tage danach zu keinen gewinnbringenden intellektuellen Leistungen fähig ist. Darüber hinaus sind während der folgenden Erschöpfung ihre moralischen Energien erlahmt. Hätte diese junge Dame einfach zuhause mit ihren Brüdern und Schwestern oder auch mit Freundinnen oder Nachbarn getanzt, wäre es ein gesundes und erfrischendes Vergnügen gewesen.

Jason Whitman, *The Young Lady's Aid, to Usefulness and Happiness*

Manchen Ratschlägen zufolge können Tanzveranstaltungen regelrecht unheilvoll sein und etwas, von dem junge Damen sich fernhalten sollten – wenn sie sich ihre Jungfräulichkeit bewahren wollen!

1938: Eine Erfindung des Teufels

Perfektes Tanzen erfordert perfekte Bewegungen, wie alle Tänzer bereitwillig zugeben werden. Das heißt: Die beiden Körper müssen sich bewegen, als wären sie eins. Um das zu erreichen, stehen sich beide gegenüber, und der Mann legt einen Arm um die Taille der Frau, während ein Arm der Frau auf der Schulter des Mannes ruht; ihre Brüste sind seinem Oberkörper nahe, seine Hand umfasst ihre linke; er platziert seinen Fuß zwischen ihren Beinen. Zunächst mag diese Position der Absicht entspringen, einen gewissen Abstand zwischen den Körpern einzuhalten, aber nahezu unausweichlich kommen die beiden in immer engeren Kontakt, und die Geschlechter verschmelzen auf eine Weise miteinander, wie es außerhalb des Tanzens in keiner achtbaren Gesellschaft schicklich ist. Dazu muss hinzugefügt werden, dass das ärmellose, tief ausgeschnittene Kleid der jungen Frau ihre sekundären Geschlechtsmerkmale – ihre Brüste – mehr oder weniger entblößt. Aus dieser Beschreibung wird jedem vernünftig denkenden Menschen ersichtlich, dass die modernen Tänze von Menschen mit bösen Absichten zu einem einzigen Zweck erdacht wurden: um sexuelle Gefühle zu wecken und menschlichen Leidenschaften Gelegenheit zu bieten, sich, weder durch Gewissen noch Vernunft getadelt, zu vergnügen.

Und doch geht die leichtfertige Hetzjagd weiter

Denken wir einen Moment darüber nach, was das bedeutet. Es ist später Abend, der Saal ist gefüllt, es sind die berauschenden Klänge sinnlicher Jazzmusik zu hören, die dazu angetan ist, die niederen Leidenschaften in Männern wie Frauen zu wecken. Die Frauen sind gekleidet, als wollten sie ihre Sexualität zur Schau stellen, sie sind heißer und vergifteter Luft ausgesetzt, man sieht schwitzende Körper in enger Umarmung, die persönliche Elektrizität pulsiert zwischen den miteinander verschlungenen Händen, der heiße Atem des Mannes trifft die halb nackten Brüste der Frau, und doch geht die leichtfertige Hetzjagd weiter, bis die Tänzer eine Entfernung von zwölf bis fünfzehn Meilen an einem durchschnittlichen Tanzabend zurückgelegt haben. Oh, welches Grauen! Hätte der Teufel etwas Diabolischeres als den modernen Tanz erfinden können?

Oscar Loewry, *A Virtuous Woman. Sex Life in Relation to the Christian Life*

Nachdem Oscar Loewry 1938 sein A Virtuous Woman *veröffentlicht hatte, schrieb er 1940 ein Buch für das andere Geschlecht:* The Way of a Man with a Maid. Sexology for Men and Boys. *Beide Bücher stehen in interessantem Kontrast zueinander, und allein schon die Titel haben beträchtliche Erheiterung in mir ausgelöst. Ich meine, wie soll ein Mädchen tugendhaft bleiben, wenn sich die Jungs und Männer da draußen verschwören, es sich gefügig zu machen?*

Was ist, wenn dein Verehrer für euer Date etwas vorschlägt, was du weniger prickelnd findest? Was ist, wenn der Junge ein chices Auto hat und mit dem Mädchen unbedingt eine Spritztour zu einem Rasthaus unternehmen möchte?

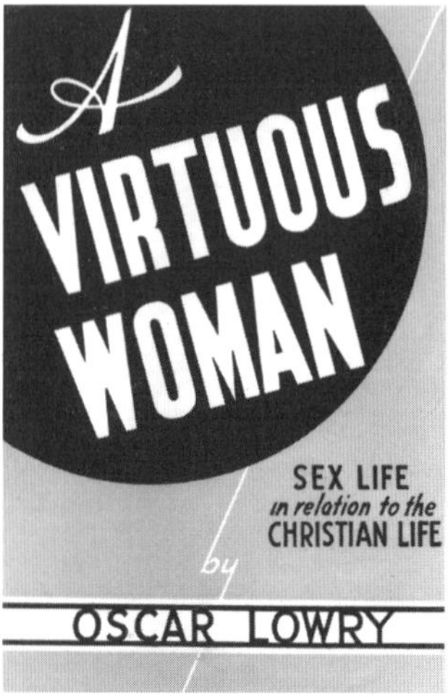

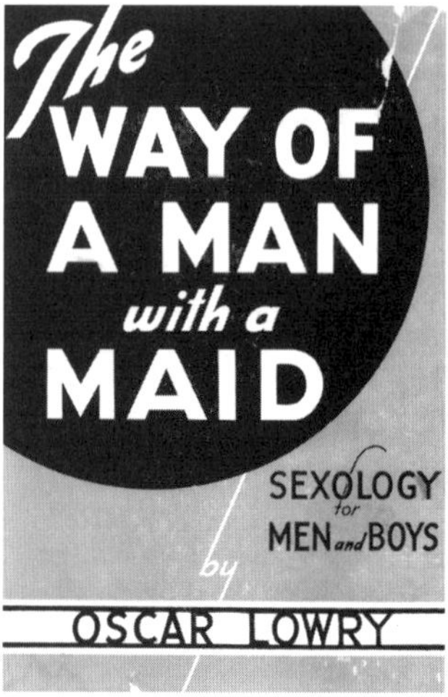

Ganz gleich, wie verlockend das auch klingen mag, könnte es klüger sein, etwas anderes vorzuschlagen (oder sich mit einem anderen Jungen zu verabreden!). Junge Damen sollten vielleicht auf den Rat von Elinor Glyn hören. Ihrer Jungfräulichkeit zuliebe!

1925: Spritztouren zum Rasthaus

In gewisser Hinsicht ist das Automobil zu einem beunruhigenden Element im Leben von Jungen und Mädchen geworden. In vergangenen Jahren wurden zarte Bande bei Besuchen im Haus des Mädchens geknüpft, bei Spaziergängen über abgelegene Pfade, auf Partys, Bällen und dergleichen, während es heute das Automobil und gute Straßen

Eine Folge unfeiner Musik und minderwertigen Alkohols

den jungen Leuten ermöglichen, schnell an relativ entfernte Stätten der Unterhaltung zu kommen. Rasthäuser und Wirtsschenken sind an so abgeschiedenen Orten entstanden, dass die Anwesenheit von Nachbarn nur selten die Gefühlsaufwallungen und leidenschaftlichen Ausbrüche erstickt, die eine Folge unfeiner Musik und minderwertigen Alkohols sind. Junge Mädchen, denen kein Gespür für Zurückhaltung und Schicklichkeit beigebracht wurde, gefährden ihren Seelenfrieden und ihren guten Ruf, wenn sie in der Gesellschaft verantwortungsloser Männer Rasthäuser aufsuchen.

Es lässt sich nicht verhehlen, dass Eltern eine bestimmte Nachlässigkeit bei der Erziehung und Überwachung ihrer Kinder vorgehalten werden muss. Vater und Mutter können nicht immer davon ausgehen, dass die Tochter und ihr Freund damit zufrieden sind, zusammen mit ihnen im Automobil durch die Gegend zu fahren. Wenn die Eltern allzu häufig allein Spritztouren unternehmen, dürfen sie nicht erwarten, dass ihre Tochter zuhause bleibt, um in Modejournalen zu blättern oder den neuesten Foxtrott zu üben.

Elinor Glyn, *This Passion Called Love*

Nach diesem ganzen Gerede über das ruchlose Treiben in Rasthäusern hätte ich volles Verständnis für deinen Entschluss, einen Abend zuhause mit deinen Freunden zu verbringen.

1961: Ein Treffen bei dir zuhause

Jeder liebt selbstgebackenen Kuchen

Du willst dich vergnügen, aber nicht allzu viel dafür ausgeben? Was hältst du von einem Treffen mit ein paar deiner Freunde bei dir zuhause, bei dem du mit Hilfe deiner Eltern für Unterhaltung und Zeitvertreib sorgst? Roll den Teppich zusammen, lege einen Stapel deiner Lieblingsplatten neben das Grammofon, und der Party steht nichts mehr im Wege. Jeder liebt selbstgebackenen Kuchen oder Kekse und den Spaß, sich sein oder ihr ganz besonderes Sandwich zuzubereiten. Du weißt doch, wie viel Freude es macht, sich um ein Klavier zu versammeln und zu singen – einfach zu deinem eigenen Vergnügen und Spaß. Du weißt auch, dass du lieber etwas selbst tust, als dir einen Film oder eine Bühnenschau anzusehen. Du fühlst dich am wohlsten, wenn du tanzt, singst oder dich mit interessanten Gesellschaftsspielen beschäftigst.

In dieser unbeschwerten Atmosphäre zeigen die Jungen und Mädchen um dich herum ihre wahren Charaktere und Temperamente. Indem du sie beobachtest, kannst du dir eine Meinung darüber bilden, welche Eigenschaften dein Lebenspartner eines Tages haben sollte. Deine Teenager-Jahre sind wertvoll; von seinem Freundeskreis kann man vieles lernen.

»A Friend of Youth«, *20th-Century Teenagers*

Einladungen zum Essen sind eine weitere beliebte Gelegenheit, jemanden kennenzulernen. Aber ein Abend in einem Restaurant kann auch zu einem entscheidenden (und mitunter gefürchteten) Test deiner Umgangsformen werden. Befolge die nachstehenden Regeln, und du wirst deinen Begleiter schwer beeindrucken. Ehrenwort!

1880: Allgemeine Regeln für das gute Benehmen bei Tisch

- Tee und Kaffee sollten nie auf eine Untertasse gegossen werden.
- Wenn jemand mehr Tee oder Kaffee wünscht, sollte er seinen Löffel auf die Untertasse legen. Anderenfalls bleibt er in der Tasse.
- Wird während des Essens etwas Unangenehmes gefunden, etwa ein Haar im Brot oder eine Fliege im Kaffee, entfernen Sie es ohne eine Bemerkung. Auch wenn Ihnen der Appetit vergangen ist, gehört es sich nicht, den anderer zu verderben.
- Vermeiden Sie es, wenn möglich, bei Tische zu husten oder zu niesen. Wenn Sie den Anfall kommen spüren, verlassen Sie den Raum. Es könnte sich lohnen zu wissen, dass ein Niesen erstickt werden kann, indem man den Finger fest auf die Unterlippe drückt.
- Falten Sie Ihre Serviette nach dem Essen zuhause zusammen, um sie in den Serviettenring zu schieben. Falls

Sie zu Besuch weilen, lassen Sie die Serviette ungefaltet neben Ihrem Teller zurück.

- Halten Sie Messer und Gabel niemals aufrecht zu beiden Seiten Ihres Tellers, wenn Sie sich unterhalten.
- Kreuzen Sie Messer und Gabel nicht auf Ihrem Teller, bevor Sie mit dem Essen fertig sind.
- Wenn Sie Ihren Teller für eine zweite Portion weiterreichen, legen Sie Messer und Gabel nebeneinander darauf ab oder auch auf Ihre Brotscheibe.
- Essen Sie weder zu schnell noch zu langsam.
- Lehnen Sie sich nie auf dem Stuhl zurück, und sitzen Sie dem Tisch weder zu nah noch zu fern.
- Halten Sie Ihre Ellbogen in Körpernähe, damit Sie Ihre Nachbarn nicht stören.
- Finden Sie am Essen nie etwas auszusetzen.
- Die altmodische Regel, der zufolge man nie das letzte Stück auf einer Servierplatte nimmt, wird nicht mehr befolgt. Es ist davon auszugehen, dass die Lücke notfalls aufgefüllt wird.
- Wenn Ihnen bei Tisch ein Teller gereicht wird, behalten Sie ihn, anstatt ihn an einen Nachbarn weiterzugeben. Wird Ihnen eine Schüssel gereicht, bedienen Sie sich und geben Sie sie dann weiter.

John A. Ruth, *Decorum. A Practical Treatise on Etiquette and Dress of the Best American Society*

1930: Nahrungsmittel mit Geruch

Einmal hörte ich einen jungen Mann sagen: »Mir ist egal, ob meine Freundin Zwiebeln mag oder nicht. Wenn ich Appetit auf Zwiebeln habe, dann esse ich sie. Falls ihr das nicht gefällt, dann weiß sie, was sie tun kann.«

Eine solche Person ist der personifizierte Egoismus. Die arme junge Frau steckt möglicherweise in einem Dilemma. Sie hat zurzeit keinen anderen Freund und ist gezwungen, mit Jack auszugehen, der an diesem Abend unbedingt Zwiebeln essen will. Niemand möchte sich üblen Mundgeruch vorwerfen lassen. Der Verzehr von Zwiebeln begünstigt eine Art Mundgeruch, der wegen der damit ver-

Dessen Geruch andere belästigen könnte

bundenen Unhöflichkeit noch unangenehmer ist als die unvermeidliche Erscheinungsform.

Es ist unhöflich, sich in einem Restaurant etwas zu bestellen, dessen Geruch andere am Tisch belästigen könnte. Dazu gehören kräftiger Käse, Zwiebeln, Schnittlauch und Knoblauch.

Aus dem gleichen Grund ist es rücksichtslos, Orangen, Bananen sowie bestimmte andere Nahrungsmittel in Zügen oder an Bord von Schiffen in der Nähe von Passagieren zu essen, denen von dem Geruch schlecht werden könnte.

Sophie C. Hadida, *Manners for Millions*

Du könntest dich fragen, worüber du dich bei deinem Rendezvous unterhalten sollst. Müssen wir betonen, wie wichtig es ist, sich mit jemandem unterhalten zu können, mit dem man eine Menge Zeit verbringt, ob nun bei ein paar Rendezvous oder während eines ganzen Lebens? Stell dir vor, dass ihr euch jahrelang am Tisch gegenübersitzt, ohne euch etwas zu sagen zu haben! Du solltest dich besser in der Kunst der Konversation üben und Eindruck machen, während du nach jemandem Ausschau hältst, der dir ebenbürtig ist.

1907: Das Verhalten bei Unterhaltungen

Lassen Sie uns die Art und Weise von Konversationen betrachten, die ebenso wichtig ist wie das Thema selbst.

Zunächst einmal ist aufrichtiges Interesse unentbehrlich. Sie müssen ernsthaft sein. Interesse für Ihr Thema inspiriert Ihren Geist und lässt Sie treffende Argumente finden. Wenn der Eifer fehlt, wenn jemand ohne Enthusiasmus redet, ist der Zuhörer schnell gelangweilt.

Auch Menschen, die niemals ernst sein können, sind sehr ermüdend. Geschwätzigkeit geht bald auf die Nerven.

Nervosität beim Reden hat häufig gesundheitliche Ursachen, und Schüchternheit ist übertriebene Bescheidenheit.

Konzentrieren Sie Ihre Aufmerksamkeit auf das, was Sie sagen, und nicht darauf, wie sie es sagen.

Selbstachtung ist weder kleinmütig noch anmaßend.

Zögern, Manierismen und Hüsteln, sobald man um Worte verlegen ist, sind Ausdrucksformen von Nervosität, die durch ein wenig Selbstüberwindung leicht zu beherrschen sind.

Ziehen Sie keine Grimassen, und verzichten Sie auf ein gekünsteltes Gehabe. Lassen Sie Interesse für Ihr Thema Ihr Gesicht beseelen.

Ein sympathisches Verhalten ist sehr gewinnend – Mitgefühl für andere und ihre Ansichten. Es drückt eine Charaktereigenschaft aus, zuzustimmen, anstatt gegen das zu opponieren, was der andere sagt.

Geschwätzigkeit geht bald auf die Nerven

Niemand schätzt jedoch ein reines Nachbeten seiner Ansichten und Überlegungen. Bischof Huntington sagt: »Es ist eine irrige Annahme, dass wir Menschen gefallen, wenn wir mit ihnen übereinstimmen. Seine wohlerwogenen Überzeugungen bescheiden und höflich auszusprechen ist ein hochherziger Beitrag zum geistigen Reichtum der Allgemeinheit.«

Nicht weniger unangenehm als die demütig zustimmenden Redner sind die Angriffslustigen, die sich als Autoritäten aufspielen und niemandem gestatten, ihnen zu widersprechen. Streitsüchtigen Menschen sollte der Mund gestopft werden.

New York Society of Self-Culture, *Correct Social Usage*

Hoffen wir, dass du nicht als einfältig daherkommst, wenn du diese Ratschläge durchgearbeitet hast. Für eine Beziehung wäre das extrem schädlich.

1929: Einfältigkeit ist passé

Aber wenn du nun ein bisschen einfältig bist? Du weißt es selbst, aber ach … Wie wunderbar wäre es, wenn du eine persönliche Ausstrahlung und eine Menge Freunde hättest, wenn deine Meinung gefragt wäre!

Aber das Wünschen wird dich nicht weiterbringen. Du kannst eine eigene Persönlichkeit entwickeln, wenn du an der Wurzel beginnst, wenn du bewusst und zielstrebig deinen Verstand beschäftigst und deine Interessen erweiterst.

Geist und Verstand reagieren

Geist und Verstand reagieren auf geistige Übungen wie die Muskeln unseres Körpers auf sportliche Betätigung. Doch ein Vorgehen nach dem Motto »Heute eine kleine Übung, morgen gar keine und irgendwann wieder eine« ist noch schlimmer als gar nichts.

Romane zu lesen und Filme zu sehen sind noch keine mentalen Übungen an sich. Sie können jedoch dazu werden, wenn du sie einsetzt, um das analytische Denken anzuregen.

Daré Frances, *Lovely Ladies. The Art of Being a Woman*

E-Mails sind begreiflicherweise kein Thema in der klassischen Ratgeberliteratur, weil es das Internet damals noch nicht gab. Mittlerweile sind sie auch in Liebesdingen ein gängiges Mittel der Kommunikation, es ist jedoch meine Pflicht, darauf hinzuweisen, dass eine E-Mail nicht ganz so romantisch ist wie ein handgeschriebener Brief. (Darauf gehe ich im 14. Kapitel ausführlicher ein, in dem die unterschiedlichen Ausdrucksformen von Liebe zur Sprache kommen.) Unabhängig davon, auf welche Weise du deine Botschaften auch übermittelst, bitte ich dringend darum, beim Schreiben die Höflichkeit zu wahren, dir große Mühe zu geben und hin und wieder die Autokorrektur zu aktivieren, wenn du Botschaften elektronisch versendest. Manche Dinge ändern sich nie, wie der folgende Auszug beweist.

1927: Gesellschaftliche Korrespondenz

Sondern auch höflich zu sein

Indem unser Leben immer geschäftiger wird, kommt der gesellschaftlichen Korrespondenz zunehmende Wichtigkeit zu. In unserer heutigen Zeit, in der die Besuche früherer Generationen, die häufig fast den ganzen Nachmittag in Anspruch nahmen, durch einen kurzen Stopp mit dem Automobil und das Einwerfen von Karten ersetzt werden und eine Mitteilung ebenso viel bewirken muss wie eine ermüdende Visite, sind wir gehalten, in unserer Korrespondenz nicht nur korrekt, sondern auch höflich zu sein.

Eaton, Crane & Pike Company, *A Desk Boot on the Etiquette of Letter Writing and Social Correspondence in General*

Du warst mit dem Mädchen deiner Träume bei einem Dinner, ihr habt euch den *Film des Sommers angesehen. Jetzt nähert sich der Abend seinem Ende. Es ist an der Zeit, deine Flamme nach Hause zu bringen, aber du bist nicht vorbereitet auf das, was nun kommt: der Gutenachtkuss!*

1958: Regeln für einen Anfänger

Küssen ist kein Spiel. Glaube mir! Es geht um sehr viel mehr als einen angenehmen Zeitvertreib, einen Spaß oder einen Beliebtheitstest. Falls du das annehmen solltest, irrst du dich gewaltig. Ein Kuss ist ein wundervoller Ausdruck von Liebe – wahrer Liebe.

Und nicht nur das: Er löst emotionale Leidenschaften aus. »Zum Spaß« zu küssen ist so, als würde man in einem Raum voller Dynamit mit einer Kerze hantieren! Und genau wie alle anderen wunderbaren Dinge verliert das Küssen seinen Wert und viel von seinem Zauber, wenn es zu einer »Gewohnheit« wird. Ich halte es wirklich für besser, uns auf eine andere Weise zu amüsieren. Geh zum Bowlen, zu einem Basketball-Spiel oder sieh dir eine gute TV-Show an (beispielsweise *Pat Boone Chevy*!). Geh es besonnen an. Halte den Mittelweg ein. Keine Übertreibungen.

Küssen ist kein Spiel

Pat Boone, *'Twixt Twelve and Twenty. Pat Talks to Teenagers*

1916: Die natürlichen Empfindungen von Jungen und Mädchen

Es ist ganz natürlich für ein Mädchen, vor der Berührung eines Jungenarms zurückzuweichen und jeden Versuch eines Jungen zu verargen, es küssen zu wollen. Ebenso natürlich ist es für den gut erzogenen Jungen, sich Mädchen gegenüber galant zu verhalten. Dieses Gefühl von Schamhaftigkeit und Zurückhaltung auf Seiten des Mädchens sowie das Gefühl für beschützende Galanterie auf Seiten des Jungen können in einer Umgebung, die Umarmungen und Küsse billigt, schnell zunichte werden. Viele auf Abwege geratene Mädchen können ihren ersten Schritt in den Ruin auf einen Kuss in der Kindheit zurückführen. Viele Männer können ihre Eroberungen von Frauen auf ihre knabenhaften Heldentaten beim Küssen kleiner Mädchen zurückführen.

Bei gesunder und natürlicher Erziehung im Elternhaus werden Jungen und Mädchen mit ungeküssten Lippen heranreifen, werden sich Freundschaften zu wahrer Liebe vertiefen, wird liebendes Werben zu glücklichen Ehen führen und werden Scheidungsfälle aus unseren Gerichtsakten verschwinden.

Professor T. W. Shannon, *Nature's Secrets Revealed. Scientific Knowledge of the Laws of Sex Life and Heredity, or Eugenics*

Manche finden den »Nachgeschmack« eines Kusses nicht so angenehm wie den eines anderen. Für alle, die sich Sorgen über die Nachwirkungen des Knutschens machen, hier ein paar Informationen über Empfindungen am Morgen »danach«.

1948: Nachgeschmack?

So wundervoll wie die fernen Klänge einer Violine

Manche jungen Leute berichten, dass sie es ein- oder zweimal mit Freundschaftsbeziehungen versuchten und am nächsten Morgen ein Gefühl leichter Abscheu verspürten und wünschten, sie hätten es nicht getan. Wenn sich eine ähnliche Situation wieder ergibt, könnten sie mit Berechtigung sagen: »Kommt nicht infrage; ich mag die Nachwirkungen nicht.« Andere haben festgestellt, dass der ausge- dehnte Abschied, bei dem die Hände und vielleicht auch die Lippen zueinander fanden, der passende Abschluss für ein beglückendes Zusammensein war. In der Erinnerung kam er ihnen so wundervoll vor wie die fernen Klänge einer Violine über einem See bei Sonnenuntergang. Sie fanden es einfach schön. Das Gefühl, das diese Erfahrung hinterlässt, ist nicht entscheidend, sollte aber ernsthaft in Betracht gezogen werden.

Grace Loucks Elliott und Harry Bone,
The Sex Life of Youth

1972: Dein Mund hat mehr zu bieten

Ein sinnlicher Mund ist ein Mund, dessen Konturen mit einem Pinsel oder Stift sorgfältig und präzise nachgezeichnet wurden, wobei die Konturen-Farbe dunkler sein sollte als die der Lippen. Falls du einen schmalen Mund hast, pudere zunächst deine Lippen und gehe mit dem Konturenstift leicht über die natürlichen Umrisse hinaus. Wenn du zu volle Lippen hast, mache sie mit dem Stift oder Pinsel geringfügig »kleiner«. Jetzt male dir die Lippen aus. Erkundige dich bei demjenigen, dem du gefallen willst, welche Lippenstiftfarbe ihm an dir gefällt. Dann trage mit einem Pinsel farbiges Lipgloss auf. Lippen enthalten nur wenig oder gar kein Fett oder Feuchtigkeit und neigen dazu, trocken auszusehen. Das Lipgloss ist nicht nur wohltuend, es verleiht den Lippen auch einen sinnlichen Glanz.

Schau in den Spiegel, spitze leicht den Mund und halte deine Lippen kurze Zeit in dieser Position. ... Scheue dich nicht, ein paar verführerische Lippenbewegungen zu üben. Du wirst bald feststellen, dass sie dir zur Gewohnheit werden – und wie schnell Betrachter dieser Lippen in Flammen stehen.

Eileen Ford, *Eileen Ford's A More Beautiful You in 21 Days*

1932: Küsse

Ein Kuss ist nicht einfach nur eine Berührung der Lippen. Er muss die Wärme und Zärtlichkeit der Gefühle hinter den Lippen vermitteln, um zu einer nachhaltigen Liebkosung zu werden, die das Verlangen weckt zurückzukommen, um mehr zu bekommen, so wie die Biene zur Blüte. Das muss auch in der liebenden Vereinigung zu spüren sein, um sie erfüllend und wundervoll zu machen, denn sie ist im Grunde ein Kuss von intensiverer Wärme und Zärtlichkeit: eine Liebkosung von unendlicher Nachhaltigkeit.

Küsse unterscheiden sich wie Licht und Dunkelheit. Manche Männer und Frauen sind Naturtalente im Küs-

Mit sanfter, schmelzender Zärtlichkeit

sen, während es andere darin nie zur Vollkommenheit bringen werden, selbst wenn sie tausend Jahre alt werden sollten. Das Küssen ist eine Kunst, und man braucht Erfahrung, um gut küssen zu können. Manche Frauen küssen flüchtig und mit gespitztem Mund. Andere Frauen ziehen die Lippen fest über die Zähne, was eine gewisse Unnachgiebigkeit andeutet, vor allem bei Frauen mit schmalen Lippen. Ein Mund mit vollen, runden Lippen ist für einen Kuss natürlich am verlockendsten, aber in jedem Fall, ob die Lippen nun voll oder schmal sind, sollte der Mund nachgiebig sein, mit leicht nach außen gewölbten Lippen und leicht geöffneten Zähnen. Der Mann sollte seine Lippen mit sanfter, schmelzender Zärtlichkeit auf die seiner Partnerin drükken. Vermeiden Sie übermäßig feuchte Küsse; sie sind nicht ästhetisch.

Frederick M. Rossiter, *The Torch of Life. A Key to Sex Harmony*

Die Ratschläge in Sachen Küssen sind toll, aber was ist, wenn du Probleme hast, deinen Typ überhaupt erst einmal zum Knutschen zu bewegen? Schaut mal, Mädchen, für diesen Fall hat Barbara Lang ein paar ganz gute Vorschläge zu machen.

1965: Ja, bitte

Dann und wann möchtest du vielleicht, dass dich dein Freund zum Abschied küsst, obwohl ihm diese Idee noch gar nicht gekommen ist. Nun gibt es zwar in der Literatur ein paar Ratschläge, wie man *vermeidet*, zum Abschied geküsst zu werden, aber nirgendwo findet sich auch nur ein Wort darüber, was man tun muss, um geküsst zu *werden*. Die Einzigen, die dieses Thema überhaupt anpacken, sind die Seifen-, Deodorant- und Mundwasser-Produzenten, und ihre Betrachtungsweise ist nicht nur wenig hilfreich, sondern auch ziemlich bescheuert. Falls ich jemals erleben sollte, dass meine Romanze dahinschwindet und sich in Luft auflöst, würde ich nicht nach einer Zahnpasta greifen. Ich würde mich in der Klapsmühle anmelden.

Aber zurück zum Problem, was in den seltenen Situationen zu tun ist, wenn man von seinem Freund zum Abschied geküsst werden möchte. Die Menschen, die das wissen, halten offensichtlich dicht. Das Äußerste, was man von ihnen bekommt, ist der Vorschlag, näher an ihn heranzurücken und ihn erwartungsvoll anzublicken. Das habe ich einmal gemacht, und mein Freund hat mir eine Zigarette angeboten. Ein verträumter, sehnsüchtiger Gesichtsausdruck führt leicht zu Bemerkungen wie »Alles in Ordnung mit dir?« oder »Sag mal, trägst du Kontaktlinsen?«.

Mir fällt nur eine Sache ein, die ich dir vorschlagen könnte, und ich habe keine Ahnung, warum es bei mir einoder zweimal funktioniert hat. Schau auf seine Lippen, aber

Starre weiter auf seine Lippen

nicht von jenseits des Zimmers, sondern wenn du dicht bei ihm bist. Das scheint ihn daran zu erinnern, dass er sie hat, und könnte ihn veranlassen, sie auf deine zu drücken. Allerdings ist nicht auszuschließen, dass ein unsicherer Junge ein Taschentuch hervorzieht, weil er annimmt, dass ihm Senf im Mundwinkel klebt, weil er während des Spiels einen Hotdog gegessen hat. Selbst wenn er das tut, starre weiter auf seine Lippen. Er könnte sich immer noch geschlagen geben und dich küssen. (Andererseits könnte er auch Fieberbläschen bekommen.)

Das ist wirklich das einzige relativ subtile Verfahren, das ich zur Lösung des Problems vorschlagen kann. Natürlich gibt es eine Reihe durchschaubarerer Methoden. So könntest du ihn fragen, ob ihm dein Parfum gefällt, um dann an seiner Schulter zusammenzubrechen, damit er an deinem Hals schnuppern kann. Mache dich aber darauf gefasst, dass er die Nase rümpft und behauptet, es rieche wie Steaksauce. In derartigen Situationen sind Jungen nicht besonders intelligent. Zumindest war es meiner nicht, aber ich wünsche dir viel Glück.

Barbara Lang, *Boys and Other Beasts*

1961: Klasse Sachen, die man außer Schmusen machen kann

SCHMUSE … aber verrate es nicht.

Art Unger, *The Cool Book. A Teen-Ager's Guide to Survival in a Square Society*

Vermutlich hast du viel Spaß beim Befolgen der Tipps zum Thema Küssen. Aber wenn du die Dinge summierst, die zum Erfolg eines Dates beitragen – ein netter Ort für die Verabredung, ein wohlerzogener Partner an deiner Seite und ein zärtlicher Gutenachtkuss auf der Veranda –, könntest du feststellen, dass etwas fehlt. Ich beende dieses Kapitel mit ein paar Ausführungen über einen wichtigen Bestandteil jeder Beziehung: miteinander lachen zu können. Da kommt ganz natürlich Freude auf, und es macht dich obendrein auch noch gesünder!

1902: Gelächter, ein großartiges Stärkungsmittel

DIE BESTE MEDIZIN. Wir stimmen wohl alle darin überein, dass ein herzhaftes Lachen die beste Medizin der Welt ist. Von Ärzten wissen wir, dass sich kein anderes Gefühl so wohltuend auf den gesamten menschlichen Körper auswirkt

Ein herzhaftes Lachen macht bessere Freunde

wie Fröhlichkeit. Als Verdauungsmittel ist Lachen unübertroffen; zur Erweiterung der Lungen gibt es nichts Besseres. Es hält Herz und Gesicht jung. Es ist das vortrefflichste Stärkungsmittel für die Lebensgeister. Darüber hinaus ist es die erfreulichste aller Empfindungen.

BESSERE FREUNDE. Ein herzhaftes Lachen macht bessere Freunde aus uns selbst sowie allen um uns herum und bringt uns in engere Berührung mit dem, was an unserem Platz im Leben das Beste und Schönste ist. Es ist zu bedauern, dass eine für unser persönliches Glück so wirksame Tätigkeit nicht häufiger ausgeübt wird.

Professor B. G. Jefferis, *The Household Guide, or Domestic Cyclopedia*

9. Kapitel

Nur noch mit einem/einer

FRAGE: Liebe Miss Abigail,
seit einiger Zeit treffe ich mich mit einem Jungen, und es läuft sehr gut. Sollten wir uns vielleicht dazu entschließen, fest miteinander zu gehen? Ich mag ihn, weiß aber nicht, ob ich schon bereit bin, mich künftig nur noch mit einem Jungen zu verabreden.

ANTWORT: Zeit für ein weiteres Quiz! Wenn du daran denkst, deine Aufmerksamkeiten auf nur einen Jungen zu konzentrieren, heißt das, dass du vermutlich schon mit ein paar Jungen ausgegangen bist. Daher wäre es schön, wenn du dir die Zeit nimmst, dich in einem kleinen Test zu überprüfen. Kay Thomas' *Secrets of Loveliness* enthält ein Quiz, mit dessen Hilfe du erfahren kannst, wie gut du dich bei Verabredungen machst. Es ist für Mädchen bestimmt, aber auch Jungen können daran ihren Spaß haben. Und damit du dich nicht so allein fühlst, habe ich mich ebenfalls beteiligt sowie auch die Resultate von Ida Fisher hinzugefügt, der Erstnutzerin dieses Buches, da sie sich die Zeit genommen hat, ihre Antworten in mein Exemplar einzutragen. Viel Glück, meine Freunde! Wenn ihr fertig seid, helfe ich euch bei der Beantwortung der Frage, ob es an der Zeit ist, euch auf nur noch einen Jungen oder ein Mädel zu konzentrieren.

1963: Wie verhältst du dich bei einem Date?

Teste dich selbst, indem du dich für a, b oder c entscheidest.

1.) Wenn du einen Bus verlassen willst:
   a. Begibst du dich sofort zur Mitteltür, weil man da schließlich aussteigt?
   b. Wartest du darauf, dass dein Freund zur Seite tritt, damit du als Erste aussteigen kannst?
   c. Lässt du deinem Freund den Vortritt, damit er dir beim Aussteigen helfen kann?

2.) Wenn dich ein Junge in einem Restaurant fragt, was du gern essen möchtest:
   a. Suchst du dir das teuerste Gericht auf der Speisekarte aus, um ihn nicht in Verlegenheit zu bringen?
   b. Entscheidest du dich für etwas, auf das du gerade Appetit hast, und teilst das dem Kellner mit?
   c. Bittest du den Jungen, dir einen Vorschlag zu machen, und lässt ihn bestellen?

3.) Wenn ein Junge auf einer Party an dir »klebt«:
   a. Beschließt du, es zu erdulden?
   b. Erklärst du, den nächsten Tanz auslassen zu wollen, um ihm einen eleganten Abgang zu ermöglichen?
   c. Steuerst du ihn unauffällig auf eine Gruppe von Jungen und Mädchen zu und hoffst auf einen Partnerwechsel?

4.) Wenn dich ein Junge bei einem Date versetzt:
   a. Erklärst du allen, dass du mit ihm fertig bist?
   b. Sagst du ihm bei eurem nächsten Treffen die Meinung?
   c. Fragst du ihn nach seinen Gründen und lässt die Sache dann auf sich beruhen?

5.) Wenn dein kleiner Bruder während des Besuchs deines Freundes stur im Wohnzimmer verharrt:
   a. Versuchst du, ihn mit finsteren Blicken zu vertreiben?
   b. Setzt du ihn kurzerhand vor die Tür?
   c. Schlägst du ihm etwas Interessantes vor, das er machen könnte?

6.) Wenn du im Kino zwei freie Plätze erspähst:
   a. Stürmst du schnurstracks auf sie los?
   b. Zeigst du auf die Plätze und bewegst dich auf sie zu?
   c. Wartest du darauf, dass er die freien Sitze bemerkt und dich zu ihnen führt?

7.) Wenn ihr euch in einem Lokal verabredet habt:
   a. Blickst du dich um, wer sonst noch da ist, damit er sich nicht langweilt?
   b. Überprüfst du immer wieder dein Aussehen im Spiegel?
   c. Hörst du interessiert zu, was dein Freund dir erzählt?

8.) Wenn deiner Mutter das Aussehen eines Jungen nicht gefällt:
   a. Triffst du dich mit ihm in der Drogerie an der Ecke?
   b. Verabredest du dich nicht mehr mit ihm, ohne ihm einen Grund zu nennen?
   c. Fragst du deine Mutter, ob du ihn zu euch einladen kannst, damit sie ihn besser kennenlernt?

9.) Wenn dein Freund dich zu einem Treffen abholt:
   a. Wartest du auf sein Hupen und rennst dann zu ihm?
   b. Wartest du, bis er an der Tür klingelt, und gehst dann hinaus?
   c. Stellst du ihn deinen Eltern vor?

10.) Wenn du zum ersten Mal mit einem Jungen ausgehst:
   a. Erzählst du ihm von den anderen Jungen, mit denen du dich triffst?
   b. Tischst du ihm den neuesten Schulklatsch auf?
   c. Bittest du ihn, ein bisschen von sich zu erzählen?

Die richtige Antwort auf alle Fragen ist c. Wie hast du abgeschnitten?

Kay Thomas, *Secrets of Loveliness*

Jetzt zu unseren Antworten. Ida hat allerdings zweimal gepatzt. Sieht so aus, als wären da ein paar Verbesserungen angesagt: 1: c, 2: b, 3: b, 4: c, 5: c, 6: c, 7: c, 8: c, 9: c, 10: c. Ich habe kläglich versagt (nun ja): 1: a, 2: b, 3: Wie bitte?, 4: a, 5: b, 6: a, 7: a, 8: a, 9: b, 10: a.

Wann hast du eigentlich zum letzten Mal jemand sagen hören, dass zwei »fest miteinander gehen«? Zu meinem großen Bedauern ist dieser Jargon längst aus der Mode. Ich benutze ihn aber noch immer gern (andererseits sage ich auch gern »buhlen«). Hier ein paar Anmerkungen, um dir vor Augen zu führen, worum es eigentlich geht.

1956: Feste Freundschaften

Rita und Leroy gehen fest miteinander.

Wie oft hören wir das! Freundschaften zwischen Jungen und Mädchen sind ein integraler Bestandteil unserer amerikanischen Lebensweise. In den meisten Ländern der Welt werden voreheliche Beziehungen missbilligt. Die Erwachsenen erinnern sich, dass sie einander in ihrer Jugend nicht trauen konnten, folglich misstrauen sie den jungen Menschen! Ehen werden von den Eltern vereinbart, und viele Bräute sehen ihren Bräutigam bei der Hochzeit zum ersten Mal. Aber Verabredungen, feste Freundschaften und Verlobungen mit allen damit verbundenen Privilegien sind Teil unserer amerikanischen Freiheit.

Teil unserer amerikanischen Freiheit

Nicht jedes Date bedeutet, dass ein Junge und ein Mädchen fest miteinander gehen. Ein Junge sollte dich zu einem *Youth-for-Christ*-Treffen einladen können, ohne dass du glaubst, er meine es ernst. Genieße deine unverbindlichen Verabredungen. Wenn dein Freund bereit ist, sich fester zu binden, wirst du das an seinem Verhalten erkennen.

Dorothy Haskin, *Just for Girls*

Du könntest dich von deinen Eltern oder Bekannten unter einen gewissen Druck gesetzt fühlen, dich für einen Jungen zu entscheiden, aber es ist absolut vernünftig, sich mit mehreren zu verabreden. Selbst wenn es mit einem Jungen besonders gut läuft, könntest du mit einem anderen ebenso viel Spaß haben. Anstatt übereilt einen dem anderen vorzuziehen, nimm dir die Zeit, jeden der beiden besser kennenzulernen. Solange du dir über deine Absichten klar bist und dir deine Optionen offenhalten willst, ohne zum Männer verschlingenden Monster zu werden, sollte sich alles finden. Du wirst früh genug wissen, mit wem du eine feste Beziehung eingehen möchtest.

1938: Die Probleme ausschließlicher Verabredungen

Für gewöhnlich ist es für junge Leute besser, mehr als eine Freundschaft mit dem anderen Geschlecht zu unterhalten. Das gibt ihnen eine breitere Basis für Vergleiche und hält sie davon ab, sich zu früh zu binden. ...

Wenn ein junger Mann beginnt, sich mit einem bestimmten Mädchen zu treffen, kommt es mitunter vor, dass andere junge Männer zögern, die junge Dame um ein Ren-

Erkennen, wann es für sie von Vorteil oder Nachteil ist

dezvous zu bitten. Als Folge davon bleibt ihr nichts anderes übrig, als nur noch mit diesem jungen Mann auszugehen. Gelegentlich zieht jeder der beiden die Gesellschaft des anderen allen anderen vor, was zu ausschließlichen Verabredungen führt. Kluge junge Mädchen können für gewöhn- lich erkennen, wann es für sie von Vorteil oder Nachteil ist, ihre Zeit einem einzigen Menschen zu widmen. Auch wenn man sich ausschließlich mit einem Partner verabredet, sollte jede Bekanntschaft bis zur Verlobung auf rein freundschaftlicher Basis gehalten werden und keine Freundschaft zu ernst genommen werden.

Warren D. Bowman, *Home Builders of Tomorrow*

Du und dein Schatz habt also beschlossen, fest miteinander zu gehen. Weil du wirklich glaubst, er sei der Richtige, oder? Kannst keine Sekunde ohne ihn sein, was? Jaja. Ich kenne den wahren Grund. Du willst knutschen! Hier ist ein weiterer Beitrag zu diesem Thema. Diesmal ein bisschen ausführlicher.

1936: Die Technik des Küssens

Jetzt ist deine Chance gekommen! Sobald deine Nasenspitze ihre Kopfhaut berührt, schürze deine Lippen und küsse sie, während du den Duft ihrer Haare tief inhalierst. Dann sind es nur noch wenige Zentimeter zu ihrem Ohr. Lass deine Lippen über den Rand der empfindlichen Muschel wandern und hauche leicht hinein. Manche Frauen reagieren leidenschaftlich auf diese Zärtlichkeit. Wiederhole die Aktion und achte auf ihre Reaktion. Wenn sie den Kopf wegdreht, wende dich wieder ihrem Haar zu und schnuppere ausgiebig daran herum.

Dann beschäftige dich wieder mit ihrem Ohr und wispere »süßen Unsinn« hinein. Vom Ohr zu ihrem Hals sind es wiederum nur wenige Zentimeter. Lass deine Lippen den Abstand schnell überwinden und im Nacken landen. Dann knabbere mit gut geschürzten Lippen an der weichen Haut ihres Nackens, so behutsam wie eine Katze, die ihr kostbares Junges hochhebt.

Arbeite dich nun mit einer Reihe kleiner Bisse vom Nacken zur sanften Rundung ihres Kiefers vor, nahe dem

Schau nicht untätig zu, wie sie zittern

Ohr. Küsse sie auf das Ohrläppchen. Aber kehre auf jeden Fall zu ihrem Kiefer zurück. Der Weg von dort aus sollte dir klar sein. Schiebe deine Lippen über die samtweiche Haut, bis du den Rand ihrer Lippen erreicht hast. Du wirst merken, wenn du da angekommen bist, weil du plötzlich spürst, wie sich ihre Schultern unter deinem Arm verspannen. Der Grund dafür ist, dass die Lippen zu den wichtigsten erogenen Zonen des Körpers gehören.

In Ordnung. Du hast sie auf den Mundwinkel geküsst. Belasse es nicht dabei. Dringe in interessantere Bereiche vor. Vor dir liegt, was dir in deinen Träumen versprochen wurde, die weichen, üppigen Lippen des Mädchens, das du liebst. Schau nicht untätig zu, wie sie zittern.

Handle!

Löse die Lippen ein wenig voneinander und bringe sie in die Position, die eine perfekte Vereinigung garantiert. Achte, nur flüchtig, auf den Anblick der Zähne zwischen ihren Lippen, und dann – wie eine Möwe, die elegant die Luft durchstößt – senke deine Lippen auf die Lippen des Mädchens, das in deinen Armen erschauert.

Küsse sie!

Küsse sie, als würde nichts anderes mehr auf der Welt existieren. Küsse sie, als wäre dein ganzes Leben in diesem Moment zusammengefasst. Küsse sie, als gäbe es absolut nichts, was du lieber tun würdest. Küsse sie!

Hugh Morris, *How to Make Love. The Secret of Wooing and Winning the One You Love*

10. Kapitel

Petting

FRAGE: Liebe Miss Abigail,
mein Freund legt ein ziemliches Tempo vor! Ich bin ein bisschen durcheinander und weiß nicht, wie ich mich ihm gegenüber verhalten soll. Was raten Sie mir?

ANTWORT: Der erste Beitrag, den ich für dich ausgewählt habe, ist mir lieb und teuer. Er geht einer ganzen Reihe von klassischen Ratschlägen voran, die sich mit den wilden und leidenschaftlichen Momenten in einer Beziehung befassen, und stammt aus dem ersten Buch, das Miss Abigail jemals erstanden hat: Evelyn Millis Duvalls *The Art of Dating* aus dem Jahr 1967. Ja, mit diesem Buch hat alles begonnen. Ich hoffe, du hast Freude daran und der Satz »Nicht jetzt, Ambrose, lass uns einen Hamburger holen« gefällt dir ebenso gut wie mir.

1967: Wenn ein Typ kess wird

Sobald ein Junge mit seinen Zärtlichkeiten über das hinausgeht, was einem Mädchen gefällt, sieht es sich einem ernsten Problem gegenüber. Wenn es ihn weitermachen lässt, handelt es sich möglicherweise mehr Scherereien ein, als es bewältigen kann. Wenn es versucht, ihn zu bremsen, muss das auf eine Weise geschehen, die ihn weder kränkt noch ihm das Gefühl gibt, als Person abgelehnt zu werden. Das verlangt taktvolles Vorgehen, das ein Mädchen lernen muss – in der Praxis.

Das unerfahrene Mädchen fragt sich vielleicht: »Soll ich ihm eine runterhauen und weglaufen, wenn er zudringlich wird, oder nur die Flucht ergreifen?« Das reifere Mädchen weiß, dass es weder handgreiflich werden noch flüchten muss, um mit dem allzu entflammten Freund fertig zu werden. Es pariert unerwünschtes Verhalten mit einer strikten Weigerung, einem wissenden Lächeln und dem Vorschlag einer Alternative. So könnte es zum Beispiel sagen: »Nicht jetzt, Ambrose, lass uns einen Hamburger holen. Ich habe Hunger.«

Oder es könnte einen Tipp von Marianne befolgen. Wenn es den Eindruck gewinnt, dass sein Freund etwas Anstößiges vorhat, ergreift es seine Hände, drückt sie zärtlich und sagt lächelnd: »Du bist schon ein toller Kerl.« Damit gibt es ihm zu verstehen, dass es keine Intimitäten wünscht, zeigt ihm aber gleichzeitig, dass es ihn mag.

Soll ich ihm eine runterhauen und weglaufen?

Am besten schützt sich ein Mädchen, indem es eine Situation vorausahnt und abwendet. Ein klugesMädchen, chen, das ein Schäferstündchen verhindern will, unterhält sich angeregt mit seinem Freund über Themen, die ihn interessieren, bis es wieder vor seiner Haustür steht, wo es sich freundlich von ihm verabschiedet und ins Haus geht. Das ist leichter gesagt als getan. Aber wenn es dem Mädchen mit seinen Bedenken ernst ist, vermeidet es alles, was etwas anderes andeuten könnte. Es trifft sich an hell beleuchteten und belebten Orten und hält sich von dunklen Ecken fern, in denen die Situation brenzlig werden könnte.

Ein kluges Mädchen kennt die Variationen des alten Themas »Komm mit raus, ich zeige dir meine Briefmarkensammlung« viel zu gut, um die Einladung eines Jungen anzunehmen, mit ihm in eine entlegene Gegend zu fahren, weil dort »die Aussicht phantastisch« ist. Diese Vorsicht ist häufig eine Folge von Gesprächen mit anderen Mädchen. Indem sich Mädchen ihre Erlebnisse erzählen, teilen sie einander auch ihre Erfahrungen mit verschiedenen Jungen und deren Verhalten mit. Und sie lernen voneinander die Fähigkeit, mit problematischen Situationen fertig zu werden.

Evelyn Millis Duvall, *The Art of Dating*

Manchmal ist es schwer zu sagen, ob er es ernst mit dir meint oder dich nur so zum Spaß küsst, vor allem, wenn er sich nicht die geringste Mühe gibt, seine Gefühle auch verbal auszudrücken. Schon mal den Ausdruck »Petting« gehört? Nein? Man nennt es auch Knutschen, Fummeln, Schmusen, Kuscheln ... Wenn dir dein Freund seine Zuneigung nur zeigt, indem er auf sehr eindeutige Art handgreiflich wird, solltest du meiner Meinung nach wissen, was seine wahren Absichten sind.

1956: Was ist Petting?

Petting ist der Austausch von Zärtlichkeiten zwischen den Geschlechtern. Es ruft sexuelle Erregung hervor. Es gibt viele Formen von Petting. Jede Kombination aus Küssen, Liebkosungen und körperlicher Nähe wird im Allgemeinen als Petting bezeichnet. ...

Man könnte annehmen, dass es Menschen tun, weil sie sich tief und innig lieben. Doch es gibt viele andere Gründe, aus denen Jungen und Mädchen das Petting zum Bestandteil ihrer Dates machen. Manche glauben, es gehöre zu Freundschaften zwischen Jungen und Mädchen einfach dazu, und scheuen sich, etwas abzulehnen, was von ihnen erwartet wird. Andere junge Menschen erhalten in ihrer Familie nur sehr wenig Liebe, daher ist Petting für sie eine Gelegenheit, die Zuneigung zu bekommen, die

Die Zuneigung zu bekommen, die sie sich wünschen

sie sich – mitunter unbewusst – wünschen und brauchen. Jungen und Mädchen, die Petting von früheren Freundschaften kennen, halten es für selbstverständlich. Für manche jungen Menschen ist die durch das Petting ausgelöste sexuelle Erregung so verlockend, dass sie jedes Gefühl für Verantwortung verloren haben und sich verhalten, als wäre Petting ein Spiel – ein Spiel, das mit jedem verfügbaren Partner gespielt werden kann.

Clyde M. Narramore, *Life and Love. A Christian View of Sex*

1968: Wie Jungen versuchen, ihre Männlichkeit zu beweisen

Für viele Jungen ist die Eroberung eines Mädchens der Beweis für Männlichkeit. In der Steinzeit war es für Männer üblich, Frauen einzufangen und sie in ihre Höhle zu schleppen. In unserer zivilisierten Welt versuchen Jungen mit verbalen Kraftakten, etwas Ähnliches zu erreichen. Ein Junge, der ein Mädchen dazu bringt, auf seine Masche reinzufallen, gilt häufig als Held. Manche Jungen halten es für männlich, sich in Knutschen, Petting oder gar Geschlechtsverkehr zu ergehen, aber nicht unbedingt, weil sie Gefallen an diesen Dingen finden oder das Mädchen gernhaben, sondern weil sie es als Möglichkeit betrachten, sich selbst ihre Maskulinität zu beweisen. Deshalb brüsten sie sich später häufig vor anderen Jungen mit ihren Heldentaten. (Aus dem gleichen Grund können sich Männer, die sich ihrer Männlichkeit unsicher sind, nicht dazu entschließen, nur eine Frau zu lieben. Stattdessen flattern sie von einer zur anderen und suchen die Bestätigung ihrer Maskulinität in der Zahl der von ihnen eroberten Frauen.) ...

Deshalb brüsten sie sich mit ihren Heldentaten

Lass mich zusammenfassen, wie Jungen bei Mädchen ankommen wollen: Sie möchten, dass Mädchen sie attraktiv, klug und vor allem männlich finden. Sie möchten physisch, aber auch mental für stark genug gehalten werden, um ein Mädchen vor Gefahren beschützen zu können. Sie möchten als selbstsicher und entschlossen gelten. Und sie möchten, wie schon gesagt, der Eigenschaften für fähig gehalten werden – welche das auch immer sein mögen –, die sie selbst als männlich erachten.

Tom McGinnis, *A Girl's Guide to Dating and Going Steady*

Wenn du dir ernsthafte Sorgen machst, wie es mit deiner Beziehung weitergehen soll, erwägst du vielleicht, dich deiner Mom oder deinem Dad anzuvertrauen, vor allem, wenn du Eltern hast, die mit ihren Kindern offen über Sex sprechen können. Doch viele Eltern vermeiden dieses Thema vollkommen. Unter Umständen legen sie ein »Aufklärungsbuch« auf deinen Nachttisch oder hoffen darauf, dass Schulfreunde dir schon beibringen werden, worüber sie nicht mit dir reden können. Bei all diesen Ängsten und Unsicherheiten ist es kein Wunder, dass Sex-Ratgeber sehr gefragt sind. In Selbsthilfebüchern sind zwanglose Dialoge eine beliebte Methode, das Nötige zu vermitteln. Mom plaudert mit ihrer Tochter über die Men-

struation. Dad spricht mit seinem Sohn über die Risiken des Alkohols. Mädchen schwatzen über andere Mädchen und Jungen. Ein Priester diskutiert mit einem Jungen über Masturbation, und zahllose Ärzte beraten halbwüchsige Jungen und Mädchen bei ihren »persönlichen Problemen«. Wenn unsere Angehörigen und Freunde doch nur auch so unbefangen wären! Hören wir zu, wie sich ein paar Mädchen über ihre Sorgen unterhalten, möglicherweise zu weit zu gehen.

1961: Wie wär's mit Petting?

»Ich habe das Gefühl, dass es bei den meisten meiner Dates vor allem um eins ging, um Petting, Petting, Petting«, warf Liz Everett ein. »Ich bin fast so weit, mich gar nicht mehr zu verabreden, weil ich riskiere, den Jungen durch meine Weigerung zu kränken oder ihm mehr zu erlauben, als ich eigentlich möchte.« Liz sah ziemlich ratlos aus. ...

»Entweder hattest du einfach Pech oder hast – und damit will ich dir nicht zu nahe treten – auf irgendeine Weise bei den Jungen den Eindruck erweckt, du wärst ›so eine‹«, lautete Janies Kommentar. »Ich gebe ja zu, dass man an dem Verhalten eines Jungen vor einem Treffen nicht immer erkennen kann, ob er ein Wolf im Schafspelz oder ein guter Kerl ist. Aber es gibt etwas, was jedes Mädchen tun kann«, fügte sie hinzu. »Es kann es genauso machen wie die Jungs. Es kann sich umhören, um herauszufinden, wie sich Jungs bei Dates ver-

Petting, Petting, Petting

halten, so wie sie sich über uns erkundigen. Wenn du hörst, dass ein Typ in dem Ruf steht, ein Wolf zu sein, dich aber trotzdem mit ihm verabredest, brauchst du dich nicht zu wundern, wenn er genau das tut, wofür er bekannt ist und was du von vornherein gewusst hast.«

Frank Howard Richardson, *For Young Adults Only. The Doctor Discusses Your Personal Problems*

1890: Dulde keine Vertraulichkeiten

Sei sparsam mit deinen Küssen

Lassen Sie mich hier ein Wort der Warnung an das Mädchen selbst richten. Dulde keinerlei Vertraulichkeiten. Du weißt, was ich meine. Verhalte dich so, als befändest du dich in der Gegenwart deiner Eltern. Nachdem du verlobt bist, kann Küssen keinen Schaden anrichten, aber dulde keine anderen Liebkosungen. Du hast von Mädchen gehört, die verführt worden sind, und im Allgemeinen wird das Mädchen verdammt, wenn auch in den meisten Fällen zu Unrecht, wie ich glaube. ... Sei sparsam mit deinen Küssen. Bewahre deine Würde, und du bist sicher.

»An Old Practitioner« (G. Dallas Lind), *The Mother's Guide and Daughter's Friend*

Ich möchte nicht verschweigen, was James Foster Scott, der Autor des folgenden Beitrags, im Vorwort seines 1899 erschienenen Buches über Sex geschrieben hat: »Dieses (zuerst und hauptsächlich an Laien – nicht an Frauen oder Knaben – gerichtete) Buch enthält viele offenherzige Mitteilungen, für die ich keine Verteidigung vorbringe.«

Da Mädchen von Scott nicht erwähnt werden, wäre vermutlich nichts dagegen einzuwenden, wenn ein Mädchen (mit Billigung eines Mannes natürlich) das Folgende den außen vorgelassenen Frauen und Knaben vorliest, damit auch sie von der Weisheit seiner Ratschläge profitieren können. Nur so ein Gedanke.

Nun zu dem eigentlichen Auszug, der sich, im Gegensatz zu Scotts Vorwort, heutzutage als aktueller erweisen könnte, als manchen vielleicht lieb ist.

1899: Einflüsse, die zu sexueller Unmoral anregen

Ein nachdenklicher Mensch kommt nicht um die Beobachtung herum, dass unsere Zeit von einem unbekümmerten Missbrauch materieller und geistiger Reizmittel charakterisiert wird, von denen wir sehr schnell sklavisch abhängig werden. Neben alkoholischen Stimulanzien werden uns bei jeder Gelegenheit literarische, dramatische, politische, künstlerische und andere Reizmittel präsentiert, nach denen die allgemeine Öffentlichkeit zu ihrer geistigen, moralischen oder physischen Erbauung zu verlangen scheint. Der Kampf gegen Unreinheit muss erfolglos bleiben, solange nicht wenigstens die anständigen Mitglieder der Gemeinschaft hohe Maßstäbe vertreten, die die Sinnesfreuden missbilligen, und solange sie gleiche Rechte für beide Geschlechter fordern und aufhören, das schwächere Geschlecht zu entwürdigen. Die Tugendhaftigkeit einer Nation muss verfallen, wenn ihre Bürger keinen Eifer für das Reine und Gute an den Tag legen; und keine Nation ist wahrhaft groß, die nicht auch in ihrer Gesamtheit die Eigenschaften repräsentiert, die am Einzelnen großartig sind.

Etwas Gutes und etwas Übles

Mit vielen Völkern verwandt, hat Amerika von ihnen allen etwas Gutes und etwas Übles übernommen; und wenn wir nicht eine nationale Tragödie heraufbeschwören wollen, wie jene, die in der Vergangenheit ganze Reiche ausgelöscht hat, müssen wir wach und tätig sein und für die Familie die ihr gebührende Achtung einfordern und uns zugleich jedem Einfluss energisch widersetzen, der auf irgendeine Weise dazu geeignet scheint, sie herabzusetzen. Sonst können wir in der Geschichte nicht überlegen sein. Nationaler Verfall ist die sichere Folge, wenn wir den verlockenden Einflüssen der Zeit unterliegen und die Feinde von Anstand und Lauterkeit nicht wirksam bekämpfen; es besteht die Gefahr, dass zumindest jene, die in der Großstadt aufwachsen, moralisch verrotten.

James Foster Scott, *The Sexual Instincts. In Use and Dangers as Affecting Heredity and Moral*

ACHTUNG: DER FOLGENDE AUSZUG IST NUR FÜR REIFE LESER BESTIMMT. *Alle diese Warnungen vor den Gefahren des Küssens und Pettings deprimieren mich. So verheerend kann es doch gar nicht sein, oder? Wie wäre es mit ein paar Pro-Petting-Ratschlägen für jene, die es unbedingt damit versuchen wollen?*

1949: Der entscheidende Schritt

Es gibt natürlich Augenblicke, in denen ganz unerwartet Sex ins Spiel kommt – selbst bei »anständigen« jungen Leuten. Eine gewisse Überschwänglichkeit (durch Alkohol beflügelt oder auch nicht), die Chemie und ein warmer Abend im Frühling oder Sommer (wie auch ein kühler Herbst- oder Winterabend) können zusammenwirken, um zu überraschenden und unvermuteten Ergebnissen zu führen. Die einzige Erklärung, die den beiden am nächsten Morgen einfällt, sind die klassischen Worte: »Es schien in dem Moment das Richtige zu sein.«

Es ist schwer zu sagen, wie viele Mädchen sich von ihrem Überschwang hinreißen lassen. Darüber hinaus hat es nur wenig oder gar keinen Sinn, sie nach Motiven zu fragen, weil sie sich überhaupt nicht hinreißen lassen wollten. Wahrscheinlich machen nur wenige auf diese Weise ihre ersten Erfahrungen mit dem Sex. Für die meisten Frauen ist es ein so ernsthaftes Thema, dass sie glauben, ihre Gedanken beisammenhaben zu müssen, bevor sie zur Sache kommen. ...

Wenn eine abenteuerlustige junge Frau sich fragt, ob sie den Schritt wagen soll, obwohl sie nicht (oder noch nicht) verliebt ist, hat sie viele Aspekte zu bedenken. Sie mag den Burschen und spürt, dass es auf eine bestimmte Art zwischen ihnen knistert, auch wenn sie ihn nicht unbedingt als idealen Partner für den Rest ihres Lebens betrachtet. Sie hat kein großes Verlangen, seine Hemdknöpfe anzunähen oder seine nassen Frottierhandtücher aufzuheben. Aber sie ist ungemein neugierig auf Sex und all die Superlative, die damit zusammenhängen, seit sie denken kann. Wurde sie streng erzogen, gilt es als die ultimative Sünde. Hat sie viel gelesen und verfügt über eine sensible Vorstellungskraft, ist sie zu der Erkenntnis gelangt, dass es eine der ganz großen Erfahrungen des Lebens ist, und warum sollte sie sich etwas so Welterschütterndes entgehen lassen?

Etwas so Welt-erschütterndes entgehen lassen?

Abgesehen davon ist unsere Gesellschaft ohnehin ein Kunstprodukt und unser Sittenkodex aus ökonomischen Bedürfnissen entstanden. Die Samoaner – oder irgendwelche anderen Stämme – praktizieren freie Liebe, und alle sind glücklich. Wer weiß schon, ob wir recht haben und sie unrecht, und ist letzten Endes nicht alles relativ? Sie hat von Frustrationen gehört und wie schädlich die sich auswirken können, und sie fühlt sich ganz schön frustriert. Ist sie es sich nicht sogar schuldig, für Abhilfe zu sorgen, wenn es so einfach ist?

Jean Van Evera, *How to Be Happy While Single*

1916: Freiheiten vor der Ehe

Küsse, Umarmungen, sich auf den Schoß eines Verehrers zu setzen oder an seine Brust zu schmiegen und lange Perioden ausschließlichen Zusammenseins sind gefährlich. Besorgte Eltern sollten eine profunde Furcht vor den Gefährdungen empfinden, die derartige Situationen mit sich bringen. Es ist ein Wunder, dass so viele Ladys ihren Hochzeitstag wohlbehalten erreichen. Wenn unsere jungen Frauen erkennen würden, wie gefährlich es ist, die Sexualität selbst in den besten Männern zu erregen, müssten sie vor den Wagnissen erschauern, die sie eingehen. Tun Sie es nicht, Ladys!

Professor T. W. Shannon, *Nature's Secrets Revealed. Scientific Knowledge of the Laws of Sex Life and Heredity or Eugenics*

11. Kapitel

Es liegt nicht an dir, es liegt an mir

FRAGE: Liebe Miss Abigail,
mit uns läuft es gar nicht so, wie ich es mir vorgestellt habe. Er hat mir gerade eine E-Mail geschickt: »Es liegt nicht an dir, es liegt an mir!« Ist es wirklich aus?

ANTWORT: Das ist mit Sicherheit kein gutes Zeichen. Es tut mir sehr leid, dass du es per E-Mail erfahren musstest. Bestimmt könnte jeder von uns ein oder zwei Geschichten darüber erzählen, wie er/sie entweder unter vier Augen oder in aller Öffentlichkeit kurzerhand den Laufpass bekommen hat. Da ist zum Beispiel die Geschichte, wie mein ... äh ... »Freund« auf der aufwärtsfahrenden Rolltreppe einer U-Bahn-Station in Washington, D.C., vor den Augen einer Horde Touristen und nach Hause eilender Regierungsangestellter abserviert wurde. Das war nicht komisch.
Leider gibt es hin und wieder Beziehungen, denen keine Dauer bestimmt ist, und für gewöhnlich wird einer der beiden durch ihr Ende verletzt. Um uns alle ein wenig aufzumuntern, habe ich zwei Beiträge der wundervollen Nina Farewell ausgesucht, die 1953 das Buch *Die Schliche der Männer. Eine Studie über den Mann für junge Frauen fast sämtlichen Alters* veröffentlicht hat. Der erste Auszug betrifft eine Frau, die verlassen wurde, im zweiten dreht Farewell den Spieß um, und die Frau ist die Abserviererin.

1953: Weshalb hat er nie mehr von sich hören lassen?

Diese betrübte Frage hat sich wohl schon jede Frau das eine oder andere Mal in ihrem Herzen gestellt. Selbst die Hinreißendsten, Begehrtesten standen vor dem Rätsel eines Mannes, der bereits gefesselt schien und sich nie mehr meldete.

Es sind zwei Grundtypen, von denen man nicht wieder hört.

Typ I nimmt Sie und lässt Sie dann fallen.

Typ II nimmt Ihre Telefonnummer und macht nie von ihr Gebrauch.

Weshalb nur? Weshalb passieren solche abscheulichen Dinge? Was kann man dagegen tun? Wollen wir zunächst die Ursachen untersuchen. Sie sind in beiden Fällen die gleichen.

Fragen Sie sich selber, ob Sie einen der nachstehenden Fehler begangen haben:

- Haben Sie zu viel geredet?
- Haben Sie vom Heiraten gesprochen?
- Haben Sie ihn veranlasst, zu viel auszugeben?
- Haben Sie ihn Ihre Überlegenheit fühlen lassen?
- Haben Sie angegeben?

- Haben Sie zu laut gelacht oder nicht fein genug gegessen?
- Haben Sie sich allzu bereitwillig gezeigt?
- Haben Sie ihn allzu entschieden abgewiesen?

Andererseits braucht der Grund des Scheiterns gar nicht bei Ihnen zu liegen, er muss weder etwas mit Ihrem Äußeren noch mit Ihrer Person und Ihrem Verhalten noch mit der Tatsache zu tun haben, dass Sie sich ihm hin- oder nicht hingegeben haben. Sehr häufig haben Sie gar nichts falsch gemacht, sondern sind nur das Opfer von Umständen geworden, auf die Sie keinen Einfluss haben ...

Nina Farewell, *Die Schliche der Männer. Eine Studie über den Mann für junge Frauen fast sämtlichen Alters*

1953: Wie man einen Mann abhängt, ohne ihn zu verletzen

Diese Maßnahme ist bei Frauen ebenso beliebt wie das Sichverweigern. Wie angenehm ist es doch, wenn das Ende kommt, sich sagen zu können, dass man die Erste war! Ob

Sie sich nun Ihre Keuschheit bewahrt oder den taktischen Fehler begangen haben, ihm alles zu geben – auf jeden Fall, das Vergnügen ist nun auf Ihrer Seite. Sie sind dabei, sich den scheußlichen Schock, von einem Mann sitzengelassen zu werden, zu ersparen …

Wollen Sie ihn … loswerden, weil er anfängt, Sie zu langweilen, oder weil Sie einen anderen gefunden haben bzw. weil Sie vermuten, dass er sich doch nicht erklären wird, dann behandeln Sie ihn freundlich. Er ist schließlich auch ein Mensch und hat viele schöne Stunden mit Ihnen verbracht, und außerdem – vielleicht wollen Sie ihn eines Tages wiederhaben …

Ihr Benehmen sollte liebenswürdig bis zum Äußersten sein. Ihre Stimme darf nicht die geringste Härte verraten. Er muss denken, dass er ein begehrenswertes, anbetungswürdiges und nicht ein wetterwendisches Mädchen verliert. Halten Sie ihm nicht irgendwelche längst verjährten Kränkungen vor. Sagen Sie, es sei alles wunderschön gewesen. Sie würden stets an ihn denken als einen der nettesten Menschen, die Sie je gekannt haben. Mit einem Wort: Schicken Sie ihn fort mit einem herzlichen Lächeln und einem warmen Händedruck.

Welche Gründe sollen Sie ihm nun nennen? Auf keinen Fall die wahren. Wenn er Sie zu langweilen begann, dann seien Sie so freundlich, dies vor ihm zu verbergen. Es gibt kaum etwas, was das Selbstwertgefühl eines Mannes mehr verwunden könnte. Sagen Sie ihm vielmehr, Ihre Mutter sei der Meinung, Sie hätten sich zu sehr mit ihm eingelassen …

Jedenfalls sollten Sie keinerlei Mitleid mit dem Mann haben

Jedenfalls sollten Sie keinerlei Mitleid mit dem Mann haben, wenn Sie darangehen, die Beziehungen zu ihm zu lösen. Eine derartige Sentimentalität ist völlig fehl am Platze. Die Tatsache, dass er dem männlichen Geschlecht angehört, ist ausreichender Beweis dafür, dass er schon manche oder gar viele andere Frauen tief verletzt hat oder eines Tages verletzen wird. Den Schmerz, den Sie ihm bereiten, hat er wohl verdient.

Denken Sie schließlich auch daran: Bei jedem Liebesverhältnis, das nicht in die Ehe mündet, wird der eine oder der andere Teil zwangsläufig eines Tages sitzengelassen. Seien Sie daher dankbar, dass es dieses Mal nicht Sie sind!

Nina Farewell, *Die Schliche der Männer. Eine Studie über den Mann für junge Frauen fast sämtlichen Alters*

1969: Schnell und endgültig

Ein gebrochenes Herz ist wie eine zerbrochene Vase: Beides lässt sich bei einem sauberen Bruch leichter reparieren. Eine allmähliche Trennung scheint zunächst sehr viel einfacher zu sein, sie verlängert aber nur die Qual. Unschlüssigkeit schwächt deine Energien und schiebt den Genesungsprozess hinaus … und macht ihn bei Weitem deprimierender.

Sie verlängert aber nur die Qual

Wenn ihr den Punkt erreicht habt, an dem euch nur noch wenig verbindet, ist es besser, einen klaren Schlussstrich zu ziehen. Bevor du das nicht tust, kannst du deine Fühler nicht in eine neue Richtung ausstrecken.

Rebecca E. Greer, *Why Isn't a Nice Girl Like You Married? Or, How to Get the Most out of Life While you're Single*

1880: Die Pflicht eines abgewiesenen Verehrers

Die Pflicht des abgewiesenen Verehrers ist eindeutig. Die Etikette verlangt, dass er die Entscheidung einer Lady als endgültig hinnimmt und sich zurückzieht. Er hat kein Recht, den Grund für ihre Ablehnung erfahren zu wollen. Wenn sie ihm eine abschlägige Antwort erteilt, ist er gehalten, ihr Geheimnis, falls es eines ist, zu respektieren und

Die Entscheidung der Lady als endgültig hinnehmen

als unverletzbar zu betrachten. Sein Bemühen weiterhin fortzusetzen und die Lady mit merklichen Aufmerksamkeiten zu bedrängen wäre ein Ausdruck allerschlechtesten Geschmacks. Der Anstand gebietet vielmehr, sich nach Möglichkeit aus den Kreisen zurückzuziehen, in denen sie verkehrt, damit ihr Erinnerungen erspart werden, die nicht anders als schmerzlich sein können.

John A. Ruth, *Decorum. A Practical Treatise on Etiquette and Dress of the Best American Society*

1911: Ein gebrochenes Herz

HEILUNG. Die qualvollen und lähmenden Folgen zerbrochener Liebe können nur durch Ablenkung und Gesellschaft behoben werden. Bringen Sie Ihren Geist durch die Entschlossenheit, die Vergangenheit auszulöschen, in einen Zustand patriotischer Unabhängigkeit. Diejenigen, die die schmerzlichen Stiche enttäuschter Liebe nicht beherrschen können, sind keine starken Charaktere und werden unausweichlich in nahezu allen Bereichen des Lebens Enttäuschungen erleiden. …

ÜBERWINDUNG. Fassen Sie neuen Mut! Denken Sie nicht über Ihr Missgeschick nach. Anderenfalls gehen Sie zugrunde. Sie verfügen über ausreichend Kraft und Einfluss,

Schmerzliche Stiche enttäuschter Liebe

sich nicht in törichtem und trübsinnigem Schmachten zu ergehen. Ihre Vernunft, Ihre Selbstachtung, Ihre Liebe zu sich selbst und anderen gebieten, dass Sie sich nicht selbst zerstören, indem Sie über »vergossene Milch« klagen.

NEUE LIEBE. Da Liebe der Grund für Ihr Leiden war, wird eine neue Liebe Sie wiederherstellen, und Sie werden besser und beständiger lieben. Lassen Sie sich durch Verbitterung oder Abscheu nicht von neuen Bekanntschaften abhalten. Begegnen Sie dem Verfall Ihres Geschlechtslebens, indem sie eine allgemeine Wertschätzung der vortrefflichen Eigenschaften des anderen Geschlechts kultivieren, vor allem von dessen geistigen und moralischen Qualitäten. Überwinden Sie Vorurteile, und nehmen Sie sich fest vor, sich von niemandem aus Ihrer Ruhe bringen zu lassen.

Professor B. G. Jefferis und J. L. Nichols,
Search Lights on Health. Light on Dark Corners ...

12. Kapitel

Über das Dasein als Single

FRAGE: Liebe Miss Abigail,
meine Eltern und Freunde machen sich Sorgen um mich, aber mir macht es echt nichts aus, keinen Freund zu haben … wirklich nicht …

ANTWORT: Oh, Schätzchen, ich glaube dir, genauso wie meine Autoren. Eine ganze Reihe der Bücher in meiner Sammlung wurde für weibliche (gelegentlich auch für männliche) Singles geschrieben. Dieses Kapitel ist für all jene da draußen bestimmt, die im Moment ungebunden sind, ob nun freiwillig und glücklich oder unfreiwillig und unglücklich. Der erste Beitrag stammt aus einem großartigen Buch mit dem Titel *How to Be Happy While Single*. Ich bin mir sicher, dass er dich aufmuntern wird.

1949: Die beste Freundin eines Mädchens

Nichts kann eine junge Frau in akuter Torschlusspanik schneller in bessere Stimmung versetzen, als wenn sie ihre Ehemaligen Revue passieren lässt. Denk über deine verflossenen Verehrer nach. Möchtest du wirklich mit diesem Geizkragen, der mit dir eines Abends sieben Blocks durch den Regen marschierte, anstatt ein Taxi zu rufen, über Kosten und Rechnungen streiten? Wie angenehm wäre ein Leben mit dem Miesepeter, dessen Laune permanent der eines unzufriedenen Chow-Chows entsprach? Der Klasse-Typ, den du vor ein paar Jahren sogar heiraten wolltest, bevor in dir Zweifel auftauchten, ob er seinen Alkoholkonsum in den Griff bekommt, leidet inzwischen an Delirium tremens. Weitere »entgangene Chancen« gehen dir durch den Kopf: der Komiker, der sich auf einer Party mit Frauenhüten schmückte oder anderen die Stühle wegzog, wenn sie sich setzen wollten, der Hypochonder, der stets sein Thermometer zur Hand hatte, um stündlich seine Körpertemperatur messen zu können, sowie die anderen, die einfach fade und langweilig waren, weil von ihnen nie ein interessanter Gedanke oder eine originelle Idee kam. Wenn du einen von ihnen geheiratet hättest, wärst du vielleicht nicht mehr so »einsam«, wie du jetzt zu sein glaubst. Dass die meisten schließlich andere Frauen geheiratet haben, macht dir eins bewusst: Kein Mann ist so hoffnungslos, dass er

In akuter Torschlusspanik

nicht doch noch jemanden finden würde. Jetzt zahlst du den Preis für dein anspruchsvolles, kritisches Verhalten, aber du bist nicht einsam, sondern allein. Allein ist man freiwillig, aber einsam unfreiwillig.

Wahrscheinlich hat dich das Grübeln über die Vergangenheit dazu angeregt, etwas Konstruktives für die Gegenwart tun zu wollen. Auf welche Weise füllst du das Vakuum? Es gibt da viele Möglichkeiten, und das Beste an der »Kur« besteht darin, dass sie jede Phase deines Lebens bereichern wird, ganz gleich, ob du einsam, allein oder »gebunden« bist. Wenn du jemals wieder das Gefühl haben solltest, eine »Insel« zu sein, brauchst du nicht ganz von vorn anzufangen, um zu lernen, wie du selbst deine beste Freundin wirst.

Jean Van Evera, *How to Be Happy While Single*

1938: Ein Betätigungsfeld für Emotionen

Die größte Belastung für alleinstehende Menschen besteht darin, dass sie ihre emotionalen Bedürfnisse nicht ausleben können. Daher sollten diejenigen, die ledig bleiben, in besonderer Weise dafür Sorge tragen, dass ihre Persönlichkeit durch das Alleinsein keinen Schaden nimmt. Das gilt für Männer ebenso wie für Frauen, da Junggesellen oft absonderliche Gewohnheiten und Eigenschaften entwickeln. Ledige Menschen brauchen ein Betätigungsfeld für ihre Emotionen,

Nicht in Selbstmitleid verfallen

das häufig in sozialen Diensten gefunden werden kann. Tausende lediger Frauen sublimieren zweifellos ihre mütterlichen Neigungen heutzutage durch Beschäftigungen auf dem Gebiet des Lehrens, Pflegens oder der Sozialarbeit. Diese Bereiche profitieren häufig in hohem Maße von diesen Frauen, da sie für gewöhnlich dazu neigen, mehr Mitgefühl für andere Menschen aufzubringen. Einige der großartigsten Beiträge zum Wohl anderer Menschen kamen von Männern und Frauen, die ihre Enttäuschungen und leidvollen Erfahrungen überwunden und in Energien für soziale Verbesserungen verwandelt haben.

Es ist immer klug, nicht in Selbstmitleid zu verfallen, wenn man erkennt, dass man vielleicht nie heiraten wird. Vielmehr sollte man sich Menschen suchen, denen es noch schlechter geht, und versuchen, ihnen das Leben zu erleichtern. Es kann sehr heilsam sein, sich für andere zu interessieren.

Vor allem junge Frauen sollten rechtzeitig überlegen, was sie in dem Fall, dass sie nicht heiraten, tun werden. Sie könnten ihre Zukunft in zwei Richtungen planen: heiraten, falls der Richtige kommt, oder einen Beruf ergreifen, falls das nicht der Fall sein sollte. Auf diese Weise werden sie nicht allzu sehr enttäuscht, sondern vielmehr in der Lage sein, auch in einer verdienstvollen Betätigung ihre Befriedigung zu finden.

Warren D. Bowman, *Home Builders of Tomorrow*

Dorothy Dix' Worte über »das Mädchen, das keine Dates hat« liefern einigen Stoff zum Nachdenken. Miss Dix scheint aufs Heiraten nicht sonderlich erpicht zu sein, oder? Hihi.

1939: Mädchen, die keine Dates haben

Die Notlage der Mädchen, deren natürliches weibliches Verlangen nach romantischer Liebe und Heirat sich nicht erfüllt, ist wirklich bedauernswert. Die Situation wird zudem dadurch erschwert, dass sie den Wert männlicher Aufmerksamkeit ebenso überschätzen wie das Glück, das sie ihnen bringt. Das Mädchen, das keine Dates hat, stellt sich jede Party als eine Orgie wilder Ausgelassenheit vor. Es hält jeden Mann für einen Traumprinzen und hat nicht den geringsten Zweifel daran, dass der Mann, den es heiraten würde, wenn es könnte, der ideale Partner wäre und ihr Zuhause ein Paradies auf Erden.

Es scheint diesen Mädchen gar nicht in den Sinn zu kommen, dass die meisten Partys langweilige Veranstaltungen sind, auf denen die Gäste einander angähnen. Und dass der Begleiter oft genug ein Langweiler ist, mit dem ein Mädchen nur ausgeht, weil es hofft, eine interessantere Bekanntschaft zu machen. Sie haben auch keine Ahnung davon, dass die meisten Frauen nach ihrer Heirat kein Elysium, sondern lebenslange Schwerstarbeit erwartet.

Wenn sich das berufstätige Mädchen unter seinen verheirateten Freundinnen umblickt, wird es bemerken, dass die meisten älter aussehen als es selbst, nur wenige gut gekleidet sind oder sich die Vergnügungen leisten können, die ihnen Freude machen. Und es wird feststellen, dass man den Mann, der nach drei- oder vierjähriger Ehe noch ein galanter Liebhaber ist, mit der Lupe suchen muss.

Für die meisten Frauen bedeutet Heirat, ohne hübsche Kleidung auskommen zu müssen, hart zu arbeiten, Kinder zu gebären, die Nächte an den Betten kranker Babys zu verbringen sowie die Launen und Marotten eines Mannes zu ertragen, der gemeinhin von der Ehe gleichermaßen desillusioniert ist. Das Mädchen, das sich einbildet, es könnte den Strapazen und Plagen des Ehestandes entgehen und den Hauptgewinn ziehen, macht sich einfach etwas vor.

Dennoch hält das alles Mädchen ebenso wenig von dem Wunsch nach Heirat ab wie ihre Mütter von dem Wunsch, sie unter der Haube zu sehen. Das liegt in ihrer Natur, die wir nicht ändern können, es ist nur bedauerlich, dass es keine Möglichkeit gibt, für all die netten

Angeln in fremden Gewässern

Mädchen, die so gute Ehefrauen werden könnten, die richtigen Freier herbeizuzaubern. ...

Es scheint mir, dass es für auf Heirat fixierte Mädchen nur zwei Möglichkeiten gibt, vor allem, wenn sie die dreißig erreicht haben, wenn Zeit ein entscheidender Faktor für den Erfolg wird. Die erste Möglichkeit besteht darin, selbst die Initiative zu ergreifen, sich die Männer auszusuchen, die sie gern heiraten würden, und kühn in den Kampf zu ziehen. Im Grunde kann jede Frau jeden Mann heiraten, wenn sie ihm nur intensiv genug nachstellt. Vorausgesetzt, sie lässt ihn nie merken, dass sie ihn erobert hat. ...

(Was) kann ein Mädchen tun, mit dem sich Jungen nicht verabreden wollen, dessen Tanzpartner zwangsweise verpflichtet werden müssen und das selbst weiß, dass es auf jeder Party nur ein unerwünschter Gast wäre?

Anstatt zu verzagen, könnte es sich noch eine Chance geben, indem es seine Umgebung verändert. Viele Mädchen, die zuhause kaum beachtet werden, mausern sich anderswo zu umworbenen Partyköniginnen. Viele Mädchen, denen die Jungs daheim keinen zweiten Blick schenken, erregen in der Fremde uneingeschränkte Bewunderung, wie die große Zahl der Mädchen beweist, die fern von zuhause heiraten. Wenn ein Mädchen jedoch feststellt, dass beim Angeln in fremden Gewässern kein Fisch nach seinem Köder schnappt, sollte es sich weitere Demütigungen und Enttäuschungen ersparen, indem es die Situation akzeptiert und sein Leben mit anderen Interessen ausfüllt.

Dorothy Dix, *How to Win and Hold a Husband*

1969: Ohne Sex leben

Lieber Gott, wenn ich ohne Sex leben muss, dann hilf mir, es mit Anstand zu tun. Lass mich nicht bitter und zornig werden und dir, der ganzen Welt oder anderen Menschen die Schuld geben. Bewahre mich vor Selbstmitleid. Gib mir die aus der Selbstachtung kommende Kraft und Bereitwilligkeit, mich damit abzufinden.

Lass mich nicht bitter und zornig werden

Verleihe mir vor allem den Verstand und die Klugheit, die Komplexität dieser allgemein menschlichen Beschaffenheit zu erkennen. Es ist leicht, die Bedürfnisse und Wünsche des Körpers mit dem zu verwechseln, was die Vernunft gebietet. Behüte mich vor dieser Verwechslung, lieber Gott, lass mich nicht in die Irre gehen.

Hilf mir, nicht zu vergessen, dass viele Menschen weit schlimmere Lasten und Entbehrungen ertragen. Und dass sehr viele auch ohne Sex ein glückliches, sinnvolles und anregendes Leben führen.

Offenbare mir die Geheimnisse, schenke mir ihren Anstand.

Wenn ich ohne Sex leben soll, lieber Gott, dann gewähre mir die Möglichkeit, diese große Energie, die du mir geschenkt hast, zu einem bedeutsamen Zweck zu nutzen.

Marjorie Holmes, *I've Got to Talk to Somebody, God*

Ich weiß, was du denkst. Dass Miss Abigail dich aufheitern will und so tut, als wäre Alleinsein das Beste, was einem Menschen passieren kann. Dabei ist mir völlig klar, dass ein Leben als alte Jungfer mit dreizehn oder vierzehn Katzen, ein paar struppigen Hunden und einem Meerschweinchen in dem alten Haus da oben auf dem Berg ziemlich miserabel ist.

Na komm schon, lies den folgenden Beitrag von Bernarr Macfadden, einem Guru des zwanzigsten Jahrhunderts. Er rät Singles zu Adoptionen. Offenbar können ein paar Kinder im Haus die Leute davon abhalten, dich als alte Jungfer zu bezeichnen. Eine Verminderung der Zahl deiner Katzen reicht nicht.

1923: Die alte Jungfer

Vor wenigen Jahren war der Typ der »Garçonne« oder »Junggesellin« populär, und er hat sich auch jetzt noch erhalten, wenn auch die Bezeichnung nicht mehr gebraucht wird. Eine Garçonne ist die unverheiratete Frau beinahe jedes Alters, die in der Welt steht und ihr höchst persönliches und meist recht ausgefülltes Leben führt. Sie scheint zu den Erfolgreichen des Daseins zu gehören, und niemand käme auf den Einfall, dass sie im Leben zu kurz gekommen sein könnte. Sie hat nicht geheiratet, weil unter ihren Freunden kein Mann war, der Qualitäten genug besessen hätte, sie ihre »geliebte Selbständigkeit« aufgeben zu lassen. Man ist fast geneigt, die Ursache dafür, dass unzählige

Ihrem Ehrgeiz ungehindert folgen

Frauen mit vorzüglicher Eignung zur Mutterschaft hartnäckig die Fessel der Ehe flohen, beim Manne zu suchen. Die Garçonne führt nicht mehr das enge und dumpfe Leben der traditionellen »alten Jungfer«; aber hat sie alles in allem so viel gewonnen?

Gewiss hat ein unabhängiges Leben seine Vorzüge. Die persönliche Freiheit eines Menschen, der nur nach seinen eigenen Wünschen zu fragen hat, ist selbstverständlich größer. Die Garçonne kann ihr eigenes Leben leben, wonach man sich besonders als junger Mensch zu sehnen pflegt. Sie darf ihrem Ehrgeiz ungehindert folgen, das wird seine Erfolge zeitigen, und manchmal sogar recht beträchtige Erfolge. Und doch müssen wir uns fragen: Wie steht es mit ihrer inneren Zufriedenheit?!

Solange sie jung ist und alle Chancen hat, wird sie durch den Lebenskampf kaum Zeit haben, diese Frage an sich selbst zu richten. Später, wenn gewisse Ziele erreicht sind, die sie sich gesteckt hatte, und vielleicht noch mehr, wird für solche Betrachtungen gewiss nur wenig Raum sein. Aber wenn die Schatten des nahenden Lebensabends sie erreichen, und wenn sie immer einsamer werden wird, weil der Kreis derer, die mit ihr jung waren, sich zu lichten beginnt, dann werden die Fragen immer häufiger auftauchen: »Ist das alles? Und war es der Mühe wert?« ...

Wenn sie auch die innigen Freuden der ehelichen Gemeinschaft nicht haben können, so ist das gewiss kein Grund, warum sie das in ihnen ruhende Gefühl der Mütterlichkeit verkümmern lassen müssten. Fraglos gibt es für die Frau keine tiefere Beglückung als die Befriedigung ihres Mutterinstinktes, und es ist nicht unbedingt notwendig, dass es eigene Kinder sind, die dieses Glück vermitteln. Unzählige Waisen sehnen sich nach einem Heim, und in einem solchen Liebeswerk kann auch die unverheiratete Frau die tiefste Erfüllung ihres Weibtums finden. ... Der Lebensquell wird mit den zunehmenden Jahren nicht versiegen, sondern eher noch reicher fließen. Möge sich also die Garçonne rechtzeitig gegen das traurige Geschick schützen, als einsames altes Mädchen zu enden.

Bernarr Macfadden, *Weiblichkeit und Ehe*

Wenn du den Schmerz einer Trennung erst einmal überwunden hast, wirst du mir sicher zustimmen, dass es nichts Angenehmeres gibt, als allein zu schlafen. Da ich Schlaf über alles liebe und gern hin und wieder ein Nickerchen mache, ohne dass sich jemand darüber beschwert, kann ich dem Folgenden nur zustimmen:

1936: Wonnen des Einzelbetts

Denken Sie doch mal an die vielen Dinge, die Sie *nicht* tun müssen. Wenn Sie lesen wollen, brauchen Sie das Licht nicht auszuschalten, weil jemand anderes gern schlafen will. Wenn Sie schlafen möchten, brauchen Sie das Licht nicht an-

Sie können tun, was Ihnen gefällt

zulassen, weil jemand anderes gern lesen will. Weder brauchen Sie nachts aufzustehen, um jemandem eine Wärmflasche zu machen, noch wach zu liegen, weil jemand schnarcht. Sie brauchen nicht so zu tun, als seien Sie munter, wenn Sie müde sind, und brauchen keine fröhliche Miene aufzusetzen, wenn Sie sich melancholisch fühlen. Sie brauchen keine Teilnahme zu heucheln, wenn Sie sich langweilen. Vermutlich haben Sie auch Ihr Bad ganz für sich allein, was fraglos zu den großen Wohltaten im Leben zählt. Wenn Sie Lust auf eine Coldcream-Session haben, müssen Sie nicht erst warten, bis jemand mit Rasieren fertig ist. Niemand beklagt sich über Ihre Tiegelchen und Fläschchen, niemand wirft feuchte Handtücher auf den Boden, niemand okkupiert die Badewanne, wenn Sie gerade noch Zeit hätten, sich kurz zu duschen. Von morgens bis abends können Sie tun, was Ihnen gefällt – kein schlechtes Los in einer Welt, die von uns allen ständig Anpassung erwartet!

Marjorie Hillis, *Live alone and like it. Benimmregeln für die vergnügte Singlefrau*

Trotz des Geredes über Junggesellinnen und die Vorzüge des Alleinschlafens bin ich optimistisch, dass die Liebe wieder den Weg zu dir findet. Selbstachtung und Zuversicht werden dir helfen, diese schwierige Zeit des Übergangs von einer Beziehung zur nächsten zu überstehen. Du solltest die Dinge von der heiteren Seite nehmen und nach der nächsten Straßenbahn Ausschau halten, die in dein Leben gerattert kommt.

1933: Männer sind wie Straßenbahnen

Ein Mädchen, das viele Freunde hat, das von Mädchen wie Jungen gleichermaßen geschätzt wird, das so attraktiv ist, wie es von Natur aus und durch eigene Bemühungen sein kann, das sich nicht übermäßig anstrengt, Männer mit seiner Schönheit, seiner Intelligenz und seiner Beliebtheit beeindrucken zu wollen, kann fast alles andere Amor überlassen. Es darf aber einen jungen Mann, an dem es Gefallen findet, auf angenehme Weise ermutigen. Die junge Dame, die erwartet, dass ihr Verehrer seine Liebe beweist, indem er ihren Handschuh aus der Löwengrube holt, handelt sich eine vernichtende Absage des Verehrers ein.

Wenn ein Mann ein Mädchen liebt, wird er es ihm sagen, ohne dass es zu irgendwelchen Tricks greifen müsste. Wenn nicht ... Nun, wie Maudie (in *Men Are like Street Cars* von Graeme und Sarah Lorimer) anmerkt: »Männer sind wie Straßenbahnen, es kommt immer wieder eine.«

Catherine Atkinson Miller, *Eighteen. The Art of Being a Woman*

1929: Glaube fest an den Erfolg

Erfülle dein Herz mit Hoffnung, der Erwartung besserer Dinge, mit der Überzeugung, dass deine Träume wahr werden. Glaube fest daran, dass du dich durchsetzen wirst. Sorge dafür, dass die Feinde deines Erfolgs und deines Glücks nicht deine Gedanken beherrschen, oder sie werden dir das bringen, was sie verkörpern.

Erfülle dein Herz mit Hoffnung

Edith Mae Cummings, *Pots, Pans and Millions*

13. Kapitel

Es passiert, wenn du am wenigsten damit rechnest

FRAGE: Liebe Miss Abigail,
ich kann es nicht ertragen, wenn die Leute sagen: »Du wirst jemanden kennenlernen, wenn du es am wenigsten erwartest.« Bin ich einfach zu pessimistisch?

ANTWORT: Wie ist es mit »Denk positiv« oder »Niemand wird dich lieben, ehe du dich nicht selbst liebst«? Ich wette, auch diese Sprüche gehen dir auf die Nerven. Nun, tut mir leid, aber du wirst auf erfreulichere Gedanken kommen müssen. Und da habe ich genau das Richtige für dich.

1923: Kreative Gedanken

Die Verbannung deiner verblichenen Hoffnungen

Wenn du mit Trauer und Bedauern an die Vergangenheit denkst, verbanne diese Erinnerungen aus deinem Gedächtnis. Denke nicht mehr an sie, und sie sind für immer verschwunden. Schlage dir alle Erinnerungen aus dem Kopf, die mit vergangenen Fehlschlägen zusammenhängen. Vertreibe alle Zweifel, Ängste und düsteren Vorahnungen.

Verschiebe die Verbannung deiner verblichenen Hoffnungen nicht auf morgen, sondern wirf sie jetzt über Bord.

Hüte dich vor allem, was das Kennzeichen des Negativen aufweist. Lass nichts deine Gedanken korrumpieren. Trage nicht das Zepter der Niederlage. »Es ist der Mörder des Sieges.«

Auf jeden Tag folgt ein Morgen, und dieses Morgen kann genau so sein, wie du es dir wünschst. Du kannst deinen Geist mit den gleichen Gedanken und Vorstellungen beschäftigen wie in der Vergangenheit, aber auch mit ganz anderen.

Nimm dir heute Abend fest vor, morgen nach dem Erwachen kreativ und positiv zu denken. Sag deinem inneren Ich: »Sei auf der Hut. Vermeide alles, was dich ungünstig beeinflussen könnte.«

Arthur Gould, E. E. und M. A. Dodson, *How to Obtain Your Desires. Positive Thoughts Attract Success*

1922: Eine sonnige Einstellung

Die kleinen Rückschläge einstecken

Jedem Mädchen wird im Leben sein Anteil an Rückschlägen zuteil. Wenn nicht früher, dann später. Es ist unmöglich, dass es sein Leben nur auf der Sonnenseite verbringt. Wo Licht ist, ist auch Schatten. Dem kann es nicht entkommen. Aber für gewöhnlich ist es nicht der tiefe Schatten, der einem Mädchen das Leben vergällt, es unglücklich und verdrossen macht. Es sind vielmehr die kleinen, an sich ganz unbedeutenden Dinge, die das Temperament reizen und das Glück beeinträchtigen. Unser Mädchen wird jeden Tag in Situationen kommen, in denen es die Wahl hat, die Stirn zu runzeln und mit einer beißenden Bemerkung zu reagieren oder zu lächeln und sie mit einem netten Wort zu übergehen. Wenn es die kleinen Rückschläge einstecken und freundlich bleiben kann, dann beherrscht es die Kunst, sich eine sonnige Einstellung zu bewahren.

Mabel Hale, *Beautiful Girlhood*

Da du inzwischen zu einer ausgeglicheneren Haltung gefunden hast, könntest du daran denken, dich wieder ins Getümmel zu stürzen. Keine Sorge, dazu kommen wir noch. Ich möchte, dass du einen neuen Traumpartner kennenlernst, aber nicht übereilt. Wenn du so weit bist, hier sind ein paar Ratschläge für die Rückkehr in die Kontakt-Szene.

1949: Wie und wo man Männer kennenlernt

Nur einmal angenommen, deine Freunde – verheiratet oder ledig, jung oder alt, weiblich oder männlich – lernen keinen einzigen beziehungslosen, herumvagabundierenden Mann kennen. Was dann? Auf deiner Arbeitsstelle, in deinem Büro? Auch da ist keiner zu finden. Und jetzt?

Etwas aussuchen, an dem du ein echtes Interesse hast

Es gibt Hobbyclubs, Kirchengruppen, Abendschulen und den Sport. Aber die Sache hat einen Haken. Du musst dir etwas aussuchen, an dem du ein echtes Interesse hast. Frauen, die plötzlich zur Kirche gehen, um Männer kennenzulernen, steht für gewöhnlich ins Gesicht geschrieben, dass die Begegnung mit Gott nicht ihr vorrangiges Ziel ist. Das Mädchen, dem der Aufenthalt im Freien ein Gräuel ist, das aber einem Wanderclub beitritt, weil es gehört hat, dass auch Männer Mitglieder sind, ist keine besonders anregende Gesellschaft, darüber hinaus wird es sich verplappern. Was Abendschulen anbelangt, so ziehen die Gebiete, die Frauen interessieren – Kunst, Sprachen, Schauspiel –, nur wenige Männer an. Wenn ein Mann beschließt, nach einem harten Arbeitstag noch Abendkurse zu belegen, dann meist nur aus einem Grund: um sich in seinem Job zu verbessern und seine Verdienstmöglichkeiten zu steigern. Er wählt internationales Recht, Differentialrechnung für Fortgeschrittene oder Ökonomie. Wenn eine Frau ernsthaft bereit ist, ihre Kenntnisse in Differentialrechnung aufzufrischen, kann sie vermutlich jede Menge Männer finden. Aber sie macht sich lächerlich, wenn sie etwas anfängt, für das sie weder Interesse noch Talent hat.

Aber noch ist nicht alles verloren. Wenn es dir gelingt, dich durch Weiterbildung zu einem interessanteren Menschen zu machen, wird dich schließlich jemand zu würdigen wissen.

Jean Van Evera, *How to Be Happy While Single*

1901: Auf der Brautschau

Einen Tugendbold meiden

Eine Frau sollte keinen Mann wählen, der Glück bei den Frauen hat. Gleichzeitig soll sie einen suchen, dem das Weib kein Rätsel ist, einen Mann von Welt und Charakter, sodass sie sicher sein kann, dass, fiel seine Wahl auf sie, er sich gesagt hat: »Ich weiß, was ich will. Mein Glück liegt hier in dieser Heirat.« Auf einen solchen Mann kann sie bauen. …

Ich rate der Frau, einen Tugendbold wie das Feuer zu meiden, lieber noch einen Raufbold zu nehmen. Ein Mann kann gut sein, doch darf er es nicht übertreiben. Der Mann ohne Falsch ist für diese Welt zu gut; nicht einmal eine Nonne könnte ihn ertragen. Liebe Leserin, stelle dir einen Mann vor, der an dir Anstoß nehmen könnte! Der selbstgefällige Tugendbold ist ein Gräuel und sollte von jeder Frau gehasst werden.

Max O'Rell, *Ihre Königliche Hoheit die Frau*

1946: Lebe gefährlich!

Die Bedenken und Tabus abschütteln

Lernen Sie vor allem, gefährlich zu leben! Das Leben ist kurz, und die kostbaren Minuten verrinnen mit unziemlicher Hast. Umso mehr Grund, die Bedenken und Tabus abzuschütteln, die Sie in Ihrer Jugend unkritisch übernommen haben, und nach dem zu greifen, was Sie zu Ihrer Erfüllung brauchen. Packen Sie mutig zu. Schieben Sie Ihr Leben nicht noch weiter hinaus. Lassen Sie es darauf ankommen! Es ist besser, Risiken einzugehen, es ist besser, einen Versuch zu wagen, zu scheitern und es erneut zu versuchen, als feige in einer unbefriedigenden Sicherheit zu verharren und ewig den verpassten Gelegenheiten nachzutrauern.

W. Béran Wolfe, *A Woman's Best Years. The Art of Staying Young*

Atme tief durch. Mutig genug? Blättere zum sechsten Kapitel dieses Buches zurück, um dich für die Rückkehr auf den Dating-Markt aufzupeppen. (Auf das vierte und fünfte Kapitel kannst du meiner Meinung nach verzichten, weil du inzwischen ein Profi bist!) Wenn du jemanden gefunden hast, der offenbar für immer bei dir bleiben will, sehe ich dich hier wieder. Glaub mir, du kommst zurück.

14. Kapitel

Jetzt wird es ernst

FRAGE: Liebe Miss Abigail,
vielleicht bin ich übergeschnappt, aber ich glaube, ich habe mich verliebt! Woran kann ich erkennen, dass es wirklich so ist?

ANTWORT: Bedauerlicherweise gibt es kein Markenzeichen für die wahre Liebe. Ist es Liebe? Ist es Lust? Oder nur eine alberne, kleine Schwärmerei? Lassen wir uns bei der Beantwortung dieser Fragen von unserer Freundin Dorothy Dix beraten.

1939: Ist es Liebe?

Wenn du der Gesellschaft eines Mannes nie überdrüssig wirst, selbst wenn er stundenlang über sich selbst redet; wenn ihr Spiele miteinander spielen könnt, ohne zu streiten; wenn ihr ein verregnetes Wochenende auf dem Land verbringen könnt, ohne euch totzureden und einander auf die Nerven zu gehen – dann kannst du sicher sein, dass deine Liebe todsicher ist und die Strapazen und Belastungen der Ehe überstehen wird.

Falls du noch immer Zweifel hast, ob du den Mann wirklich liebst, nimm seine Schwächen unter die Lupe und prüfe, ob sie größer sind als seine Vorzüge. Denke darüber nach, ob dich seine kleinen Eigenheiten ärgern oder nicht. Könntest du es ertragen, seine Lieblingsgeschichten für den Rest deines Lebens immer wieder hören zu müssen? Glaubst du, ein brennendes, nie erlahmendes Interesse für den Lebensmittelhandel aufbringen zu können? Wie wäre das Leben mit einem Mann, der sein Kleingeld in einem verschließbaren Portemonnaie aufbewahrt und ein bisschen knauserig ist? Du magst Bücher und Symphoniekonzerte, während er

Nimm seine Schwächen unter die Lupe

in Zeitungen nur die Schlagzeilen und den Comicstrip liest und Jazzmusik liebt. Wie wäre das?

Wenn er dich manchmal so langweilt, dass du am liebsten laut schreien würdest, und wenn du dir vornimmst, ihn gleich nach der Hochzeit deinen Vorstellungen entsprechend zu ändern, liebst du ihn nicht. Es gibt keinen besseren Beweis für Liebe, als die Schwächen und Fehler des Partners zu akzeptieren und sie für einen liebenswerten Ausdruck von Individualität zu halten.

Dorothy Dix, *How to Win and Hold a Husband*

Vielleicht empfindest du ziemlich starke Gefühle für den Jungen/das Mädchen, mit dem du dich triffst. Aber kennst du den Unterschied zwischen wahrer Liebe und Schwärmerei?

1965: Jugendliebe

Diane und Don waren schüchterne Teenager, als sie bei einem geselligen Beisammensein ihrer Kirchengemeinde zufällig nebeneinandersaßen. Bald stellten sie fest, dass sie sich gern miteinander unterhielten und sich unter Menschen weniger gehemmt fühlten, wenn sie zusammen waren.

Wenn die beiden getrennt sind, vermissen sie einander sehr

Sie begannen sich zu verabreden und unternahmen gern etwas gemeinsam. ...

Jeder fühlt sich in der Gesellschaft des anderen selbstsicherer, und wenn die beiden getrennt sind, vermissen sie einander sehr. Sie glauben, sich zu »lieben«, und wissen doch, dass sie viel zu jung sind, um entscheiden zu können, ob es eine Liebe ist, auf der eine erfolgreiche Ehe aufgebaut werden könnte. Bis sie sich darüber klar sein können, werden sie ihre Freundschaft wie bisher fortsetzen.
So ist die Liebe in den frühen Teenagerjahren. Für Wochen sind Jeff und Julie überzeugt, sich zu lieben. Songs wie *Too Young* üben eine große Wirkung auf sie aus. Ständig sind sie zusammen: Sie telefonieren, treffen sich, schreiben sich in der Schule Briefchen, träumen tags (und nachts) voneinander. Doch nach und nach, vielleicht auch ganz plötzlich, stellen sie fest, dass ihr Interesse aneinander schwindet und durch andere Interessen ersetzt wird.

Aber das ist völlig normal und sollte nicht belächelt werden.

»Spottet nicht über die Jugendliebe«, hat der Evangelist Billy Graham gesagt. »Sie ist eine ernste Sache – für die jungen Leute.«

Letha Scanzoni, *Youth Looks at Love*

1898: Kleine Ursache, große Wirkung

Ganz unbedeutende Dinge reichen aus, um Liebe entstehen zu lassen. Ein Mädchen zieht sich ein hübsches Kleid an, bindet sich ein blaues Band um den Hals, steckt sich eine Blume in den Gürtel und geht leichtfüßig und unbekümmert seiner Wege, und an diesem Tag erblickt ein Mann zufällig die leuchtenden Wangen, das blaue Band und verliert sein Herz.

Wir haben alle von der Jungfer gehört, die ihre Hutbänder unter dem Kinn zusammenband und damit auch das Herz eines jungen Mannes an sich band, und die meisten von uns werden, wenn sie sich an Fälle von Liebe auf den ersten Blick erinnern, erkennen, dass das, was rein zufällig zu sein schien, durchaus seine Ursachen hatte.

In der Regel sagen junge Männer nicht zu sich selbst: »Jetzt halte ich Ausschau nach einer Gefährtin.« Sie werden im Gegenteil durch irgendeine Kleinigkeit eingenommen: eine anmutige Art, eine bezaubernde Sprache, ein Grübchen, ein Erröten, ein sanftes Wort, und bevor sie es sich versehen, ist es um sie geschehen.

Ein Grübchen, ein Erröten

Margaret E. Sangster, *The Art of Home Making*

Ist es ein Fall von Liebe auf den ersten Blick? Vielleicht, und wir sagen nicht, dass daran etwas auszusetzen wäre. Ich jedenfalls nicht. Mr. Ruth scheint da anderer Meinung zu sein.

1880: Liebe auf den ersten Blick

Ohne Zweifel gibt es so etwas wie Liebe auf den ersten Blick, aber Liebe allein ist ein sehr unzuverlässiges Fundament für eine Ehe. Es bedarf gründlicher Bekanntschaft und einer gewissen Harmonie in Vorlieben und Temperamenten, bevor das Wagnis einer Ehe eingegangen werden kann.

John A. Ruth, Decorum. *A Practical Treatise on Etiquette and Dress of the Best American Society*

1916: Liebe macht schöner!

Die Macht, Gesicht und Gestalt zu verklären

Die Liebe hat die Macht, Gesicht und Gestalt zu verklären. Das Gesicht, welches durch den verzaubernden Einfluss der Liebe nicht gefälliger würde, muss in der Tat ungemein reizlos sein. Sie macht die Gestalt runder, verleiht den Bewegungen Anmut, den Augen Glanz, den Lippen Süße, den Wangen Farbe und belebt die gesamte Gestalt. Sie scheint jedes Organ des Körpers mit neuem Leben zu erfüllen und jede seiner Funktionen wirksamer zu machen. Drei zärtliche Worte haben so manches Mal den rosigen Hauch von Gesundheit und Schönheit auf das Gesicht eines bleichwangigen Mädchens gebracht.

Professor T. W. Shannon, *Nature's Secrets Revealed. Scientific Knowledge of the Laws of Sex Life and Heredity or Eugenics*

Mädchen liebt Jungen. Junge liebt Mädchen. Aber vor dem nächsten Schritt möchtet ihr vielleicht ein bisschen mehr über einander in Erfahrung bringen. Warum nehmt ihr euch in eurer Situation kein Beispiel an der wundervollen Steinzeit? Ich bin überzeugt, dass es in eurer Beziehung genauso zugeht.

1928: Fragen über Fragen

Die junge Frau beobachtet einen bestimmten jungen Mann, der ihr eine Menge Aufmerksamkeit schenkt, und stellt sich intuitiv die gleichen Fragen, die schon die Höhlenfrau bewegt haben. Ist dieser Mann stark und mutig? Wird er bereit und fähig sein, die Höhle gegen fremde Eindringlinge zu verteidigen und sie zu vertreiben? Ist er ein guter Jäger, damit immer genügend Fleisch zur Verfügung steht? Wird er die Familie mit Fellen, Brennholz und Milchvieh versorgen? Wird er liebevoll zu dem Baby sein? Ist er ein Mann, der nachts in der Höhle bleibt? Ist er mit einer Frau zufrieden oder neigt er zur Vielweiberei? Ist er gesund oder krank? Von welcher Art von Stamm kommt er? War sein Vater gut zu seiner Frau und den Kindern? War er jemals in der Lage, einen Vorrat an Fellen, Vieh, Getreide und Trockenfisch anzusammeln? Ist er ein Verschwender oder Sparer? Und schließlich: Ist sein Verlangen nach mir wirklich so groß, dass er mich sein Leben lang um sich haben will? Oder wird er meiner überdrüssig, wenn ich das erste Kind bekommen habe?

Wird er die Familie mit Fellen, Brennholz und Milchvieh versorgen?

Und während sie neben ihm im Automobil sitzt, stellt er sich ähnliche Fragen über sie. Die Tatsache, dass sie sich mit neunzig Kilometern pro Stunde durch die Gegend bewegen, hält ihn nicht vom Denken ab. Ist diese Frau stark und treu? Wird sie die fremden Männer, die in meiner Abwesenheit in die Höhle eindringen könnten, bekämpfen oder lieben? Wird sie das Fleisch und die andere Nahrung, die ich nach Hause bringe, so zubereiten, dass sie gut schmecken und mich bei Kräften halten, damit ich weiterhin auf die Jagd gehen kann? Oder werde ich ständig unter Magenschmerzen leiden? Kann sie so gut kochen wie Mutter? (Das sollten Sie besser nicht fragen, junger Mann, sonst handeln Sie sich Ärger ein!) Wird sie willens und in der Lage sein, das Feuer im Herd nicht ausgehen zu lassen, zu buttern und darauf zu achten, dass die Felle sauber und in Ordnung sind? Wird sie in der Höhle sein, wenn ich nach Hause komme, oder draußen herumlaufen und mit dieser rothaarigen Frau schwatzen? Wünscht sie sich Kinder, und kann sie ein Kind so gut versorgen, dass es nicht stirbt? Ist sie mit einem Mann zufrieden oder schielt sie nach anderen? Ist sie lieber zuhause als irgendwo sonst? Was für eine Frau war ihre Mutter, und wie ist es mit ihrem Stamm? Wird sie sparsam mit den Gütern umgehen, die ich heran-

schaffe? Möchte ich, dass sie meine Frau wird? Oder bin ich ihrer nach wenigen Monaten ebenso überdrüssig wie sie meiner?

Wenn junge Menschen solche Fragen stellen, dann lieben sie.

David H. Keller, *Love, Courtship, Marriage*

1916: Zwei Seelen finden zueinander

Jeder Flügelschlag des einen beschwingt den anderen

Wenn zwei Menschenseelen zueinander finden, strebt jede danach, die andere zu preisen, zu ehren und ihr beizustehen; die beiden fliegen so miteinander, dass jeder Flügelschlag des einen den anderen beschwingt – wenn zwei Seelen auf diese Weise zusammenkommen, lieben sie einander. Jene, die vereint die Schwere und Mühsal der Erde abstreifen, um sich in hehre Sphären aufzuschwingen, sind in der Tat wahrhaft Liebende.

Professor G. G. Jefferis
und J. L. Nichols,
Search Lights on Health.
Light on Dark Corners ...

Wie ungeheuer dramatisch der nächste Auszug doch ist! Was durchaus verständlich scheint, da die Autorin Elinor Glyn nicht nur Ratgeberbücher und Liebesromane verfasste, sondern sich in den zwanziger Jahren des vergangenen Jahrhunderts auch als Regisseurin und Produzentin in Hollywood einen Namen machte.

1923: Ideale Liebe

Liebe ist herrlich und schrecklich – und lebensnotwenig

Verliebt sein ist lediglich ein Zustand der Hochstimmung und Begeisterung; *Lieben* ist ein Verschmelzen der Seelen, das mit seiner brennenden Glut die naturgesetzlichen Instinkte der Arterhaltung zu überirdischer Glückseligkeit verklärt. Liebe lässt das Fleisch vor Wonne erschauern, erfüllt den Geist mit Verehrung, lässt ganz alltägliche Dinge in Schönheit erstrahlen, uns Krankheit und Leid leichter ertragen und verabscheut jede Flatterhaftigkeit. Wenn eine Frau wirklich liebt, verfügt sie über die Leidenschaft der Geliebten, die selbstlose Zärtlichkeit der Mutter, die Würde und Hingabe der Ehefrau. Sie ist Feuer wie Eis, listig wie freimütig, leidenschaftlich wie reserviert, sie ist gebieterisch und ergeben: Königin und Kind.

Und ein Mann hört auf, ein Tier zu sein, und wird zum Gott!

Liebe ist herrlich und schrecklich – und lebensnotwendig. Sie vergoldet selbst das Profane und verwandelt Steine in Juwelen. Sie ist sanft wie der Kuss eines Engels und glühend wie die Sonne. Liebe ist *fühlbar.* Man muss einander nahe sein, einander berühren, einander umklammern, um eins zu werden!

Von allen Empfindungen, zu denen Menschen fähig sind, ist Liebe die himmlischste.

Sie ist der vitale Funken, der Leben ausmacht, der Ausdruck der Seele. Die niedrigsten Geschöpfe, die gemeinsten Charaktere werden erhöht, wenn sie lieben, denn für die Zeit, in der sie im Banne der Liebe stehen, hören sie auf, selbstsüchtig zu sein. Liebe ist die gloriose Manifestation des unbewussten Verlangens, ein Abbild des geliebten Menschen zu verewigen. Sie verleiht dem rein tierischen Instinkt der Arterhaltung die Schönheiten der Imagination. Sie ist das Wesentliche, das wir weder sehen, hören noch fassen können und das uns erhebt.

Elinor Glyn, *The Philosophy of Love*

Da ihr euch jetzt sicher seid, sie aufrichtig zu lieben, möchtet ihr vielleicht ein bisschen mehr über Liebesbriefe erfahren, Jungs. Hier sind ein paar ganz hilfreiche Beispiele. Auch wenn E-Mails mittlerweile durchaus akzeptabel sind, kannst du wahrscheinlich mehr Punkte einheimsen, wenn du deine Liebesgrüße handschriftlich zu Papier bringst und persönlich übergibst oder von der Post überbringen lässt. Einen solchen Brief wird sie lieber unter ihr Kopfkissen legen als einen schnöden E-Mail-Ausdruck.

1911: Briefe

Alle übermäßigen Schmeicheleien sollten unterbleiben, da sie dazu angetan sind, den Widerwillen der Empfängerin zu erregen, wie auch den Schreiber zu entwürdigen und Zweifel an seiner Aufrichtigkeit zu wecken. Die zu Papier gebrachten Empfindungen sollten der Aufrichtigkeit des Herzens entspringen, um, wenn höflich und taktvoll ausgedrückt, nie ohne Sympathie oder bewegt von all jenen gelesen zu werden, deren Gefühle nicht völlig abgestumpft sind.

WIE MAN SEINE ZUNEIGUNG GESTEHT

Werte Nellie,

gestatten Sie mir, Ihnen mit wenigen und einfachen Worten die tiefe und aufrichtige Hochachtung und Zuneigung auszudrücken, die ich für Sie empfinde, und Sie respektvoll zu fragen, ob ich darauf hoffen darf, dass meine Gefühle erwidert werden? Ich liebe Sie ehrlich und aufrichtig, und da ich weiß, wie sehr Sie Freimütigkeit und Offenheit schätzen, kann ich mir nicht vorstellen, dass Sie an diesem Brief Anstoß nehmen. Vielleicht schmeichele ich mir selbst in der Annahme, Sie könnten mich Ihrer Beachtung wert finden. Sollte das der Fall sein, wäre dieser Irrtum Bestrafung genug, denn mein Traum vom Glück hätte ein Ende. Ich hoffe inständig, dass es nicht so ist. Im Vertrauen darauf, bald von Ihnen zu hören, verbleibe ich, werte Nellie,

Ihr ergebener
J. L. Master

EINE GLÜHENDE LIEBESERKLÄRUNG

Meine liebste Laura,

ich kann mich nicht mehr bezähmen, Ihnen die Worte zu schreiben, die ich Ihnen schon oft sagen wollte. Ich liebe Sie so sehr, dass ich keine Worte finde, um meine Gefühle für Sie auszudrücken. Ich liebe Sie seit dem Tag, an dem wir uns kennengelernt haben, und werde Sie immer lieben. Tadeln Sie mich, weil ich so offen schreibe? Ich wäre Ihrer nicht wert, wenn ich Ihnen gegenüber nicht aufrichtig wäre. Oh Laura, können Sie mich auch lieben? Ich werde Ihnen jeden Wunsch von den Augen ablesen, wenn Sie mir das Recht dazu geben. Darf ich hoffen? Senden Sie ein erlösendes Wort an Ihren ergebenen Freund

Harry Smith

Professor B. G. Jefferis und J. L. Nichols,
Search Lights in Health. Light on Dark Corners ...

1907: Die Sprache der Blumen

Die kleinen Zärtlichkeiten

Die eloquente Sprache der Blumen wird von Liebenden sehr wohl verstanden, wenn sie einander ihre Gefühle ausdrücken. Jede Blüte ist ein Buchstabe in diesem Alphabet. Zu einem Strauß zusammengefasst oder auch einzeln überreicht, drücken sie die kleinen Zärtlichkeiten aus, die für Liebende die wichtigste Sprache der Welt sind.

So kann ein Mann zum Beispiel eine Handvoll Stiefmütterchen geschmackvoll um eine voll erblühte, duftende weiße Rose gruppieren und seinem Strauß eine Portulak-Röschen-Knospe hinzufügen. Die Stiefmütterchen sagen der Dame, die dieses Arrangement erhält: »Du beherrschst meine Gedanken«, die weiße Rose: »Ich bin deiner Beachtung wert« und die Portulak-Röschen-Knospe: »Ich möchte meine Liebe gestehen«. Wenn die Dame ihren Verehrer zu einer offeneren Sprache ermutigen will, kann sie ihm einen

Strauß Margeriten schicken. Wiesenmargeriten sagen ihm: »Ich denke an dich«, während gezüchtete Gartenmargeriten bedeuten: »Ich teile deine Gefühle.«

New York Society of Self-Culture, *Correct Social Usage*

15. Kapitel

Die Verlobung

FRAGE: Liebe Miss Abigail,
ohne sie kann ich nicht leben! Ich habe vor, ihr einen Heiratsantrag zu machen. Muss ich eigentlich den künftigen Brautvater um seine Zustimmung bitten?

ANTWORT: Das ist kaum noch obligatorisch, aber manche jungen Männer halten sich an die Regeln früherer Zeiten und bitten den Vater um die Hand seiner Tochter. In John A. Ruths Buch *Decorum* habe ich ein paar Überlegungen zum Thema Verlobung für dich gefunden. Ich wünsche dir Glück bei deinem Antrag und vor allem bei Papa (falls du beschließt, diesen Weg einzuschlagen)! Du hast meine mentale Unterstützung.

1880: Der Heiratsantrag

Die Art und Weise, wie ein Liebesschwur geleistet werden sollte, hängt natürlich von den Umständen ab. Es wäre vermessen, in dieser Frage Vorschriften machen zu wollen. Das Herz und der Verstand – die besten und verlässlichsten Ratgeber – weisen auf das richtige Vorgehen hin. Gesellschaftliche Stellung, Einfluss, Wohlstand, Eigenschaften und Temperament sind entscheidend für die Wahl und müssen bei der formellen Bitte um die Hand einer Lady in Betracht gezogen werden. Wenn der Antrag in Briefform erfolgt, sollte er so schlicht, eindeutig und aufrichtig wie möglich gehalten sein. Jede Annäherung an die Lady sollte von deutlichem Respekt gekennzeichnet sein. In der Regel gilt, dass ein persönliches Gespräch das Beste ist, aber vergessen wir andererseits nicht, dass es von jeder Regel Ausnahmen gibt.

DEN PAPA FRAGEN. Wenn ein Gentleman die Zustimmung der Dame seiner Wahl erhalten hat, besteht der nächste Schritt darin, sich unverzüglich zu ihren Eltern zu begeben und diese um ihr Einverständnis zu bitten. Dabei darf er nicht aus den Augen verlieren, dass sie die Angelegenheit weniger von der emotionalen als vielmehr von der praktischen Seite her betrachten werden. Folglich sollte er, nachdem er seine Zuneigung ruhig und gelassen offenbart und vielleicht auch angedeutet hat, dass ihre Tochter ihm gegenüber nicht gleichgültig ist, ihnen ganz offen und wahrheitsgemäß seine finanzielle Situation und seine Zukunfts-

Von deutlichem Respekt gekennzeichnet

aussichten darlegen, damit die Eltern beurteilen können, ob er eine Frau und eine mögliche Familie befriedigend versorgen kann. Kürzlich hat diesbezüglich eine Anekdote ihre Runde durch die Zeitungen gemacht. Ein Vater fragte einen jungen Mann, der bei ihm um die Hand seiner Tochter nachsuchte, wie viel Eigentum er besitze. »Keines«, lautete die Antwort, aber er sei »mit täglicher Arbeit randvoll«. Die Anekdote schloss mit der Feststellung, dass er das Mädchen bekam. Und wir glauben, dass alle vernünftigen Väter ihre Töchter besser fleißigen, strebsamen jungen Männern anvertrauen sollten als trägen Müßiggängern, denen ein Vermögen zur Verfügung steht.

John A. Ruth, *Decorum. A Practical Treatise on Etiquette and Dress of the Best American Society*

1888: Verlobung

Wenn ein Gentleman glaubt, dass sein Verhältnis zu der von ihm verehrten Lady es gebietet, ihr eine Heirat vorzuschlagen, dann ist es männlicher und direkter, diesen Antrag verbal vorzubringen und nicht in Form eines Briefes.

Elisabeth Marbury, *Manners. A Handbook of Social Customs*

1922: Der Ring

Unmittelbar nach der Ankündigung der Verlobung überreicht der Mann der Frau den Ring, die ihn am dritten Finger der linken Hand trägt. Er sollte klein und unaufdringlich sein, darf aber mit Diamanten, Rubinen, Mondsteinen, Saphiren oder anderen Edelsteinen geschmückt sein.

Er kann die Frau bitten, ihm bei der Entscheidung behilflich zu sein, aber es ist besser für ihn, die Auswahl allein zu treffen. Wenn sie möchte, kann die Frau dem Mann einen Verlobungsring oder ein Geschenk überreichen.

W. C. Green, *The Book of Good Manners. A Guide to Polite Usage for All Social Functions*

Vielleicht hast du das Gefühl, dass dein Typ zu schüchtern ist, um die entscheidende Frage zu stellen. Aber wie sollte er dir noch widerstehen, wenn du für eine romantische Stimmung sorgst? Helen Andelin macht in ihrem Buch The Fascinating Girl *ein paar überzeugende Vorschläge:*

1970: Gewissheit verschaffen

Eine verträumte, hingebungsvolle Verfassung

In einer kühlen, sachlichen, von Vernunft beherrschten Stimmung machen Männer nur selten einen Heiratsantrag. Daher sollte das Mädchen bemüht sein, in ihm entgegengesetzte Empfindungen zu wecken: ein Gefühl von Wärme und Impulsivität oder eine verträumte, hingebungsvolle Verfassung. In einer derartigen Gemütslage wird der Verstand verdrängt, und der Impuls, es auszusprechen, wird nicht behindert. Diese Stimmungen werden begünstigt, indem man *romantische Situationen* schafft. Hier folgen ein paar Vorschläge:

EIN GEMÜTLICHER WINTERABEND: Die Atmosphäre kann sehr viel anregender sein, wenn es Winter ist, draußen der Wind heult und Schneeregen gegen die Fenster peitscht. Wie behaglich und gemütlich muss es für das Mädchen und den Jungen sein, bei gedämpftem Licht vor einem knisternden Kaminfeuer zu sitzen und zu träumen. Der Mann könnte den Wunsch verspüren, es möge immer so weitergehen. Wenn das Leben so einfach und friedlich ist wie jetzt, lassen sich alle Schwierigkeiten überwinden. Wie leicht für ihn, seinem Verlangen nachzugeben und seine Bedenken und Ängste zu vergessen.

SEEN, FLÜSSE, DAS MEER: Schon am helllichten Tag übt Wasser oft eine faszinierende Wirkung aus, vor allem auf Menschen, die in einer übervölkerten Stadt leben. In der Dunkelheit sind Wasser und Romantik nicht voneinander zu trennen. Ist Ihnen schon einmal aufgefallen, wie viele junge Menschen dazu neigen, ihre Ferien oder Urlaubstage am Wasser oder in dessen Nähe zu verbringen? Das hat Gründe. Nichts ist beruhigender, nichts mehr dazu angetan, Befürchtungen, einen Mann und eine Frau einander näherzubringen, zu beschwichtigen als ein Abend am Wasser: Wenn sich Mond und Sterne in den Wellen, die sanft auf einen Strand oder gegen ein Boot schlagen, spiegeln und sich in der Ferne eine geheimnisvolle Küstenlinie abzeichnet. Schon viele Männer sind mit einem Mädchen arglos zu einer abendlichen Bootsfahrt aufgebrochen und verlobt mit ihm zurückgekehrt.

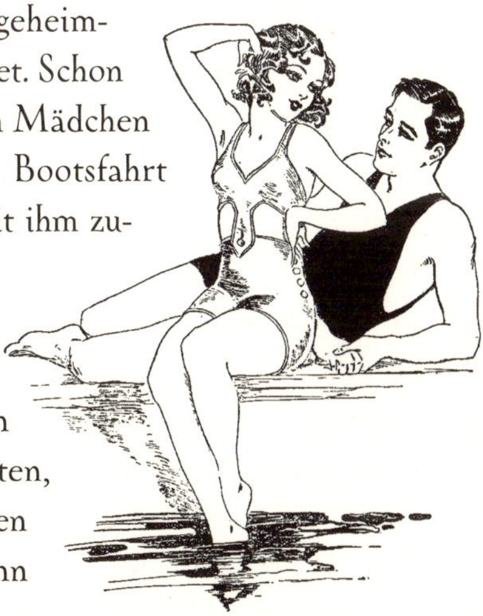

PARKS UND GÄRTEN: Ein Spaziergang durch einen wundervoll angelegten Garten, eine Wanderung in den Bergen oder durch einen Wald kann die gewünschte Atmosphäre sehr häufig herbeiführen. Nichts ist besser geeignet als eine Rückkehr in die Natur, um einen Mann zu ermutigen, den natürlichen Impulsen zu folgen und sich eine Partnerin zu erwählen.

Helen B. Andelin, *The Fascinating Girl*

Hat jemand Interesse an Statistiken? Ich persönlich hoffe, dass sich die im folgenden Auszug genannten Zahlen seither geändert haben.

1878: Wer lebt länger?

Heirate oder stirb

Wer lebt länger? Der Verheiratete oder der Zölibatäre? Die Antwort fällt in jedem Land gleich aus. In Frankreich, England, Schottland und den Vereinigten Staaten erreichen doppelt so viele verheiratete Männer ein Alter von siebzig Jahren und mehr (genauer gesagt 26,9 Prozent Verheiratete im Vergleich zu 11,7 Prozent Ledigen ...). Das sind beunruhigende Aussichten für Junggesellen. Gut möglich, dass der Standesbeamte in Schottland sagt: »Heirate oder stirb.«

George H. Napheys, *The Transmission of Life. Consels in the Nature and Hygiene of the Masculine Function*

In der Annahme, dass der Heiratsantrag erfolgreich verlaufen ist, wenden wir uns nunmehr dem Verhalten von Verlobten zu. Da während der Vorbereitung auf deine Traumhochzeit alle Augen auf dich gerichtet sein werden, solltest du dich korrekt benehmen können!

1922: Gewisse Höflichkeiten

Sobald ein Mann und ein Mädchen offiziell verlobt sind, sind sie einander gewisse Höflichkeiten schuldig. Obwohl eine Verlobung keinen Mann seiner gesellschaftlichen Verpflichtungen gegenüber anderen Frauen enthebt, versteht es sich doch von selbst, dass er keiner anderen Frau die Aufmerksamkeiten erweist, die seiner Verlobten zustehen. Gleichermaßen sollte das verlobte Mädchen alles vermeiden, was seinen Namen mit einem anderen Mann in Verbindung bringen könnte, sich zu ausgiebig mit ihm zu unterhalten oder zu tanzen und so weiter.

Dazu kommen die Gepflogenheiten, die gesellschaftliche Regeln von Verlobten verlangen. In Baltimore und Philadelphia können Verlobte auf die Begleitung einer Anstandsdame verzichten, wenn sie Tanzveranstaltungen besuchen, aber in Boston und New York ist das unerlässlich. Ein verlobtes Paar sollte weder Ausflüge unternehmen, die eine Übernachtung erfordern, noch sollte es mit dem Automobil Landgasthäuser aufsuchen, um dort ohne Begleitung zu speisen. Die Gesellschaft betrachtet es als ungehörig,

Höflichkeit und Rücksichtnahme zur Vollkommenheit bringen

wenn Verlobte allein ihr Dinner in einem Restaurant einnehmen, gestattet ihnen jedoch ein Mittagessen oder einen Fünf-Uhr-Tee.

Auch wenn die ganze Welt ihre Freude an Liebespaaren hat, schätzt sie keine öffentliche Zurschaustellung intimen Glücks. Selbst in diesen unbeschwerten Tagen der jungen Liebe wird jede Demonstration amouröser Gefühle in der Öffentlichkeit als ausgesprochen vulgär erachtet. Natürlich sollen Liebende einander küssen und umarmen, jedoch nicht vor den Augen anderer, denn das ist eine Verletzung des Anstands, die von der Gesellschaft mit Recht missbilligt wird. Im Allgemeinen sollte jeder Mann bei seinem Liebeswerben seine Höflichkeit und Rücksichtnahme zur Vollkommenheit bringen. Schließlich ist er darauf bedacht, sich in den Augen des Menschen, dem er den Hof macht, von seiner besten Seite zu zeigen.

Leider lassen zu viele Liebende bald nach der Heirat jeden höflichen Anstand vermissen, anstatt ihn sich zu einer lebenslangen Gewohnheit zu machen.

Harriet Lane, *The Book of Culture*

1929: Liebe ist eine Form von Trunkenheit

Romantische Liebe ist eine Form von Trunkenheit, das wissen selbst Dummköpfe. Das heißt, sie wissen es, wenn sie nicht verliebt sind, aber wenn sie lieben, scheinen sie es zu vergessen oder zu verdrängen.

Wegen dieses rauschhaften Zustands ist es zwei Liebenden nicht möglich, einander wirklich kennenzulernen. Sie kennen nur ihre Vorstellungen voneinander.

Daher heiraten alle Menschen, die sich aus romantischen Gefühlen zur Ehe entschließen, im Grunde Fremde; deswegen hat man das Heiraten auch eine Lotterie genannt – und das zu Recht.

Es ist nicht zu bezweifeln, dass die Ehe nicht mehr ganz die Lotterie vergangener Zeiten ist, da manche jungen Leute immerhin den Versuch unternehmen, einander besser kennenzulernen, bevor sie vor den Altar treten. Doch selbst jene, die sich trotz der moralischen Konventionen ein gewisses Maß an vorehelichen Intimitäten gestatten, sind nur einen kleinen, wenn auch wichtigen Schritt weiter als ihre konventionellen Brüder oder Vorväter. Solange verlobte Paare nicht im wahrsten Sinn des Wortes zusammenleben, im selben Haus, werden sie im Zustand der Trunkenheit verharren und daher nicht erkennen können, wie sie wirklich sind. Das ist eine persönliche Betrachtung und sollte nicht verallgemeinert werden: Ein Dichter hat einmal

Das Heiraten wird eine Lotterie genannt

gesagt, im Hinblick auf den Ehestand sei es für einen Mann das Klügste und Sicherste, seine Geliebte zu heiraten, doch es ist nicht unbedingt meine Aufgabe, eine solche Doktrin zu unterstützen und zu verbreiten.

»A Husband« (Cyril Scott), *The Art of Making a Perfect Husband*

1890: Verlobungen

Solche Erregungen sind schädlich

Lange Verlobungszeiten sind zu vermeiden, vor allem, wenn die Lady und der Gentleman häufig Umgang miteinander pflegen. Es gibt gute physiologische Gründe dafür, dass derart enge Beziehungen nicht allzu lange andauern sollten.

Ein gewisser Grad der Erregung des Sexualsystems ist die unvermeidliche Konsequenz der Zärtlichkeiten und bewundernden Blicke, die Liebende einander schenken. Es ist eine Erregung, die keine Befriedigung erfährt. Solche Erregungen sind schädlich für das Nervensystem, wenn sie häufig vorkommen und lange andauern ... (vor allem) bei jenen, die feinfühlig und leicht erregbar sind.

Als eine Folge des unbefriedigten Verlangens könnte im Verlauf der Zeit Gleichgültigkeit aufkommen und dazu führen, dass der physische Faktor der Liebe aus Mangel an Vollzug (der Ehe) zugrunde geht.

»An Old Practitioner« (G. Dallas Lind), *The Mother's Guide and Daughter's Friend*

Viele von euch Verlobten da draußen verspüren vermutlich insgeheim Angst bei dem Gedanken, den Rest des Lebens mit demselben Menschen zu verbringen. Derartige Ängste sind absolut normal, wie ihr im nächsten Auszug lesen könnt.

1963: Begründete und unbegründete Furcht vor der Ehe

Sie sollten vorsichtig sein

Wir wollen nicht vorschnell behaupten, dass alle Furcht vor der Ehe unsinnig oder neurotisch ist. In den beiden vorhergehenden Kapiteln haben wir die Nachteile der Ehe besprochen. Es gibt also vernünftige Gründe und Ihre Furcht ist in dieser Hinsicht nicht unberechtigt.

Sie können zum Beispiel im Augenblick unfähig sein, eine Ehe einzugehen, und müssen jeden Gedanken daran aufschieben, bis sich Ihre finanzielle Lage gebessert hat. Oder Sie sind unausgeglichen und können nicht mit einer normalen Frau zusammenleben. Sie haben vielleicht eine ärztliche Behandlung nötig oder müssen Ihre seelischen Probleme auf andere Weise aus der Welt schaffen. Oder Sie leben in einer sehr kleinen Gemeinschaft und haben deshalb wenig Chancen, eine intelligente, charakterfeste Frau zu treffen, die Sie heiraten möchte.

Heiraten ist eine ernste Angelegenheit. Es kann in jeder Beziehung teuer werden, die falsche Wahl getroffen zu haben. Sie sollten darum zumindest vorsichtig sein und sich nicht kopfüber in die erstbeste Verbindung stürzen, die sich Ihnen bietet.

Albert Ellis, *Sex und ledige Männer*

1890: Gebrochene Versprechen

Ein gefährliches Vergnügen

Sollte eine Verlobung eigentlich jemals gebrochen werden? Es gibt viele, die sich der Anzahl ihrer Verlobungen rühmen. Das ist ein gefährliches Vergnügen. Solche Menschen verlieren häufig ihre Fähigkeit, überhaupt lieben zu können. Es gibt jedoch, wenn auch nur selten, Fälle, in denen sich ein Mädchen mit einem Mann verlobt hat, ihn später jedoch in einem anderen Licht sieht und überzeugt ist, mit ihm nicht glücklich werden zu können. Dann ist es die Pflicht des Mädchens, sich von ihm loszusagen.

»An Old Practitioner« (G. Dallas Lind),
The Mother's Guide and Daughter's Friend

16. Kapitel

Hier kommt die Braut …

FRAGE: Liebe Miss Abigail,
bald ist unser Hochzeitstag! Was müssen wir beachten, damit er ein unvergessliches Ereignis wird?

ANTWORT: Über die Umgangsformen bei Hochzeiten ist so viel geschrieben worden, dass ein eigener Band mit Auszügen nötig wäre, euch über alle Details zu informieren, die ihr angeblich wissen müsst. Statt euch mit Spitzfindigkeiten darüber zu langweilen, wie und in welcher Reihenfolge man dem Altar entgegenschwebt oder welche Aufgaben den Brautjungfern zukommen, möchte ich lieber ein paar drollige Ratschläge von anno dazumal zur Kenntnis bringen. Damit ihr in die richtige Stimmung kommt, singt jetzt zusammen mit mir: »Hier kommt die Braut ...«

1923: Hochzeitsvorbereitungen

Wenn sich die Verlobungszeit ihrem Ende nähert, beginnt die junge Frau, sich mit ihrer Aussteuer, mit der Hochzeit selbst und mit der Hochzeitsreise näher zu beschäftigen. Die notwendigen Arrangements hierfür werden zum größten Teil ihr überlassen, und es ist daher notwendig, auf diese Dinge etwas näher einzugehen. Selbstverständlich kann sie ganz nach Gutdünken entscheiden, aber ein paar gute Ratschläge werden ihr vielleicht von Nutzen sein.

So angenehm es sein mag, über eine recht reichhaltige Ausstattung an schönen Kleidungsstücken für die Heirat verfügen zu können, so ist es doch ungleich wichtiger, gesundheitlich auf der Höhe zu sein. Es ist daher nicht ratsam, wenn die zukünftige junge Frau sich mit einem Wust von handgearbeiteten Wäschestücken belastet, die nur den Neid der Freundinnen erregen und die arme Wäscherin vermutlich zur Verzweiflung treiben werden. Auch einfache Dinge können schön sein, und es wäre daher besser, wenn die junge Frau ihr Augenlicht, ihre Kraft und ihre Zeit für wichtigere Dinge verwenden würde. ...

Was nun die Hochzeit selbst betrifft, so wird sie in den meisten Fällen durch Rückfragen bei ihrem zukünftigen Mann feststellen, dass er inständig nur um eine kleine, anspruchslose Feier bittet. Da jede zu gründende Gemeinschaft doch mehr oder minder als ein Wagnis anzusehen ist, so ist es nur geschmackvoll,

Eine recht reichhaltige Ausstattung an schönen Kleidungsstücken

sich dabei recht bescheiden zu gebärden. Wenn einmal die silberne oder goldene Hochzeit gefeiert wird, dann ist der Anlass zu rauschenden Festen gegeben.

Bernarr Macfadden, *Weiblichkeit und Ehe*

1912: Der Hochzeitstag

Der Tag der Hochzeit ist einer, der für immer in der Erinnerung bleiben und unter den Jahrestagen des Lebens heilig gehalten werden sollte. Es ist ein Tag, dessen Segen sich auf alle anderen Tage auswirken sollte, bis zum Ende des Lebens. Er sollte auf dem Kalender mit dem Leuchten der Liebe und Dankbarkeit hervorstechen. In einer glücklichen Ehe sollte die Erinnerung an die Stunde der Hochzeit strahlen wie ein heller Stern, selbst im Alter.

Es ist daher mit Sicherheit der Mühe wert, das Ereignis selbst so freudig wie möglich zu gestalten und alles einzubeziehen, was dazu beitragen kann, es denkwürdig zu machen, damit es sich strahlend und heilig von allen Tagen und Stunden des Lebens abhebt. Das wird nicht bewirkt, wenn die Hochzeit im Geheimen stattfindet; in diesem Fall gibt es keine Assoziationen mit der Feier, welche die Erinnerung daran auch noch nach Jahren zu einer Quelle der Freude macht. Es wird andererseits auch nicht bewirkt, wenn das Ereignis von großer Leichtfertigkeit und lärmendem Trubel geprägt ist; die Freude über eine

Das Ereignis so freudig wie möglich gestalten

Hochzeit ist nicht übermütig, sondern tief und verinnerlicht.

Am Hochzeitstag sollte das glückliche Paar seine wahren Freunde um sich haben, denen es auch im späteren Leben nahe bleiben möchte. Es ist kein Tag für Unaufrichtigkeit; es ist nicht die Zeit für hohle Freundschaftsbekundungen. Alles an dem Ereignis – die Festlichkeiten, die Formalitäten, die Trauung selbst, die Glückwünsche – sollte so beschaffen sein, dass es nicht zu Missklängen oder Verlegenheiten kommt, zu nichts, was die uneingeschränkte Freude über das Ereignis beeinträchtigen könnte, dass ausschließlich die angenehmsten Erinnerungen bleiben.

Diese Überlegungen mögen zu unbedeutend erscheinen, um hier überhaupt erwähnt zu werden, dennoch ist es die Mühe wert, den Hochzeitstag so zu gestalten, dass man sich stets mit einem Schauer des Entzückens und mit ausschließlich beglückenden Assoziationen an ihn erinnert.

J. R. Miller, *The Wedded Life*

1923: Das Hochzeitskleid

Das Gewicht kostbarer Juwelen

Heute ist Schlichtheit das Motto des Hochzeitskleides. Die Tage kunstvoller Roben, deren Schleppen durch das Gewicht kostbarer Juwelen so schwer waren, dass acht Mädchen sie tragen mussten, sind vorüber. Die vernünftige amerikanische Braut weiß, dass Schlichtheit dem feierlichen Ernst des Anlasses mehr entspricht als eine extrem aufwändige Robe. ...

Beim Studium der Beschreibung der Brautkleider bedeutender Hochzeiten in letzter Zeit haben wir festgestellt, dass Satin zweifellos das beliebteste Material ist. Crêpe de Chine und schwerer weißer Brokat werden ebenfalls verwendet; und die Braut kann sich den Stoff aussuchen, der ihr am besten gefällt, ein weiches und anschmiegsames Material, wenn sie nicht zu übermäßiger Schlankheit neigt, denn dann ist Taft kleidsamer. Unabhängig vom Stil des Hochzeitskleides scheint eine Schleppe unerlässlich zu sein, und ein gefällig drapierter Rock ist immer beliebt. Die Länge der Ärmel und des Rockes wird ausschließlich von der gerade herrschenden Mode bestimmt.

Weiße Satinschuhe und weiße Handschuhe bringen die

schlichte Schönheit des Hochzeitskleides wirkungsvoll zur Geltung. Schmuck wird selten getragen, bis auf einen großen Edelstein vielleicht – ein Geschenk des Bräutigams.

Lillian Eichler, *Book of Etiquette*

Auch wenn das Folgende nicht unbedingt für Bräute geschrieben wurde, halte ich ein paar Ratschläge in puncto Schuhe für angemessen. Schließlich wirst du den größten Teil deines Hochzeitstages auf den Beinen sein, und ich wette, dass du nicht über Hühneraugen oder Fußballen nachdenken möchtest, wenn du auf den Altar zuschreitest.

1840: Zu enge Schuhe

Am torkelnden und schwankenden Gang dieser Opfer

Ladys neigen dazu, ihre Füße zu malträtieren, um sie zierlich und klein erscheinen zu lassen. Das ist außerordentlich absurd: Ein sehr kleiner Fuß ist eine Deformität. Die Schönheit jedes Körperteils besteht in seiner Proportion zum Rest der Gestalt.

Ein zu enger oder schlecht gefertigter Schuh ruiniert nicht nur die Form des Fußes, sondern begünstigt auch das Entstehen von Hühneraugen und Ballen; zudem ist er dazu angetan, die Blutzirkulation zu beeinträchtigen. Abgesehen davon schwillt der Fuß an und wirkt größer, als er ist, und die Knöchel werden dick und plump.

Die schädlichen Folgen zu enger oder schlecht gefertigter Schuhe werden auch am torkelnden und schwankenden Gang dieser Opfer törichter, vorgefasster Meinungen sichtbar: Sie können weder aufrecht stehen noch geradlinig gehen oder einen Raum in schicklicher Haltung betreten.

Ein zu kurzer Schuh ist einer der größten Mängel, weil er dem Fuß jede Möglichkeit nimmt, sich nach vorn zu strecken, und keinerlei Ausgleich für die Enge an anderen Stellen bietet sowie nicht nur Schmerzen verursacht und die Form der Füße verdirbt, indem er die Zehen verkrümmt und den Spann anschwellen lässt, sondern auch die Ursache für einen unvorteilhaften Gang und eine schlechte Haltung ist.

Mrs. A. Walker, *Female Beauty, as Preserved and Improved by Regimen, Cleanliness and Dress*

Die nachstehenden Warnungen wurden in der kleinen Broschüre Dream Book Bridal Superstitions *von Dr. Ray Vaughn Pierce veröffentlicht, dem Direktor des Invalids Hotel in Buffalo, New York. Ich weiß zwar nicht, was Träume und »Hochzeitsaberglaube« mit dem Verkauf seiner Quacksalber-Medikamente zu tun hatten, die er »Dr. Pierce's Lieblingsarznei«, »Dr. Pierce's leichtverdauliche Pillen« und »Dr. Pierce's Heilsalbe« nannte, aber den in seiner Broschüre abgedruckten Bekundungen zufolge müssen sie Hausfrauen irgendwie dazu gebracht haben, seine Mittelchen zu ordern. Wenn ich jetzt um die leichtverdaulichen Pillen bitten darf?*

1895: Hochzeitsaberglaube

Mit ihrem rechten Fuß voran

Unter keinen Umständen sollte einer Braut oder einem Bräutigam auf ihrem Weg zur Kirche ein Telegramm überreicht werden.

Die Braut sollte darauf bedacht sein, die Kirche mit ihrem rechten Fuß voran zu verlassen. Es wird für Unheil bringend erachtet, wenn eine Braut ihren ersten Schritt in die neue Welt mit ihrem linken Fuß vollführt.

Eine ungerade Zahl von Gästen beim Hochzeitsfrühstück oder -abendessen bringt Unglück.

Wenn eine der Brautjungfern sofort einen Kessel mit heißem Wasser auf die Türschwelle stellt, wenn das jungvermählte Paar zur Hochzeitsreise aufbricht, wird es innerhalb von zwölf Monaten eine weitere Hochzeit in diesem Freundeskreis geben.

V. M. Pierce, *Dream Book Bridal Superstitions*

1888: Hochzeitsgeschenke

Niemals versäumen, ein Wort des Dankes zu schreiben

Für Verwandte und Freunde ist es üblich, der Braut und dem Bräutigam vor dem Hochzeitstag Geschenke zu schicken, die mit einer Karte des Spenders versehen sein sollten. Für gewöhnlich werden die Präsente während des Hochzeitsempfangs gezeigt. Gelegentlich werden die Karten des Schenkers an den Präsenten belassen, aber es kommt zunehmend in Mode, sie zu entfernen. Die Braut sollte niemals versäumen, ein Wort des Dankes zu schreiben oder den Freunden persönlich zu danken, die ihrer mit ihren Geschenken freundlich gedacht haben.

Elisabeth Marbury, *Manners. A Handbook of Social Customs*

Irgendwann während der Hochzeitsvorbereitungen oder der Zeremonie selbst wird Braut und Bräutigam häufig eine Tatsache mit Schrecken bewusst: Ich heirate nicht nur meine große Liebe, ich heirate die gesamte Familie! Ganz gleich, wie sich deine unmögliche Schwiegermutter auch anzieht oder was dein Schwiegervater an politischen Ansichten äußert – ich wette, du wirst es nie schaffen, sie zu ändern. Hole tief Luft, entspanne dich und versuche, zumindest einigermaßen mit ihnen klarzukommen. Der folgende Beitrag wird dir nicht unbedingt sagen, wie man das macht, aber ich finde ihn trotzdem unterhaltend.

1956: Schwiegereltern

Schwiegereltern sind Menschen

Selbst die sorgfältigsten Studien übersehen häufig, dass Schwiegereltern Menschen sind! Rundheraus gesagt: Auch sie hatten Schwiegereltern! Weiterhin mussten auch die Schwiegereltern ihrer Schwiegereltern Schwiegereltern haben. Die Berücksichtigung der mathematischen Reihenentwicklung führt zu überwältigenden Ergebnissen. Es werden vier Schwiegereltern benötigt, um einen verheirateten Menschen hervorzubringen; demzufolge gibt es in jeder Phase deines Ehelebens auf der Welt ungefähr achtmal mehr Schwiegereltern, als es Ehepaare gibt. Von Stiefschwiegereltern ganz zu schweigen.

Emily Hahn und Eric Hatch, *Spousery*

17. Kapitel

Traumhafte Flitterwochen

FRAGE: Liebe Miss Abigail,
wir haben Traum-Flitterwochen geplant. Aber ich bin vor der Hochzeitsreise ein bisschen nervös. Was erwartet mich?

ANTWORT: Wie aufregend! Eure allererste Reise als Ehepaar. Ich nehme an, ihr habt euch einen Ort ausgewählt, der euch beiden gefällt, und genügend Zeit eingeplant, um euch zu entspannen und von eurer Hochzeit zu erholen. Ich habe ein paar Beiträge zum Thema Flitterwochen herausgesucht.

1904: Die Hochzeitsreise

Lasst das frisch vermählte Paar Ferien machen, je länger, desto besser, und gemeinsam die Schönheiten der Natur genießen sowie all das, was an den Schätzen der Kunst, Musik und Literatur zur Verfügung steht; lasst es gemeinsam lesen und über das Gelesene diskutieren. Durch die Regsamkeit des Verstandes werden die Geisteskräfte entwickelt und in Einklang gebracht und die Zuneigung gefestigt. Mit langen Fahrten, Spaziergängen und Unterhaltungen sammeln die Liebenden Schätze an, nicht nur für ihre Erinnerungen, sondern für ihr Wohlbefinden und Glück, und schweißen ihre beiden Leben zu einem harmonischen Ganzen zusammen.

Für den wahren Genuss der Flitterwochen ist absolute Freiheit von Geschäften und allen anderen Sorgen unerlässlich. Braut und Bräutigam tun gut daran, sich für die Zeit des ersten Alleinseins als Verheiratete an einen Ort zu begeben, an dem keine neugierigen Nachbarn, kritischen Verwandten oder extreme Hitze oder Kälte die heikle Situation der neuen Verbindung zusätzlich erschweren können. Selbst unter günstigsten Bedingungen wird es für zwei Menschen, die es gewohnt sind, einander perfekt gekleidet zu sehen, nicht leicht sein, ein gewisses Gefühl von Desillusionierung zu vermeiden, wenn zum ersten Mal das Negligé abgelegt wird, wenn die Papilloten sichtbar sind und das Zitieren von Gedichten durch das Annähen von Knöpfen er-

Absolute Freiheit von Geschäften

setzt wird. Es braucht Zeit, diese kleinen alltäglichen Intimitäten für eine Selbstverständlichkeit zu halten; aber mit den Augen der Liebe betrachtet, werden sie bald ganz natürlich erscheinen und mit den Monaten und Jahren immer selbstverständlicher werden.

Mary Ries Melendy, *Vivilore. The Pathway to Mental and Physical Perfection*

Im Flugzeug unterwegs in die Flitterwochen? Der nächste Auszug wurde von Lillian Eichler, einer meiner Lieblings-Ratgeberinnen in Sachen Etikette, im Jahr 1924 verfasst und gibt ein paar nützliche Hinweise für Flugreisen. Ich weiß zwar nicht viel über die Konstruktion der ersten Flugzeuge, bin aber froh, dass sich die Zeiten geändert haben. Kannst du dir vorstellen, dass Passagiere von heute versuchen, während des Fluges Abfall aus einem Düsenjet zu werfen? O Gott.

1924: Während des Fluges

In den meisten großen Flugzeugen erhalten die Passagiere Pergamin-Kuverts mit Watte und Kaugummi. Der erfahrene Reisende stopft sich die Watte in die Ohren und kaut den Kaugummi, um seine Ohren an die Flughöhe anzupassen. Dies ist eine der wenigen Gelegenheiten, bei denen das Kauen von Kaugummi nicht als unfein missbilligt wird! Wenn sich das Flugzeug in der Luft befindet, können die Passagiere aufstehen und umherlaufen, dürfen sich jedoch nicht in Bereiche begeben, deren Betreten untersagt ist. So ist zum Beispiel die Pilotenkanzel für Passagiere absolut tabu. Wie auch die Briefpost- und Expressabteilung, die sich in vielen Flugzeugen direkt hinter der Passagierkabine befindet. Funk- und Steuerungsinstrumente sind für gewöhnlich im Pilotenabteil untergebracht, aber mitunter befindet sich innerhalb der Kabine ein besonderer Funkraum. Diesen Raum dürfen Passagiere weder betreten noch eines der Instrumente berühren. …

Die Passagiere sollten kein Papier, keine Streichhölzer oder etwas anderes aus dem Flugzeug werfen. Derartige Dinge sind dem Kabinenwart zur Beseitigung zu übergeben.

Wegen der räumlichen Enge der Kabine und der körperlichen Nähe der Passagiere ist eine Wahrung gesellschaftlicher Höflichkeiten nahezu ausgeschlossen.

Völlig Fremde kommen einander näher

Niemand wartet darauf, vorgestellt zu werden, jeder unterhält sich mit jedem, völlig Fremde kommen einander durch das gemeinsame Abenteuer des Fliegens näher (das noch immer so neu ist, dass es die meisten von uns aufregend finden). ...

Es gilt nicht als üblich, der Flugzeugstewardess ein Trinkgeld zu geben. Wenn eine Stewardess jedoch besonders freundlich und aufmerksam war und der Passagier seine Dankbarkeit zeigen möchte, kann er ihr nach Beendigung der Flugreise ein kleines Geschenk in Form von Pralinen oder ein interessantes neues Buch schicken.

Lillian Eichler, *Etiquette in Public*

1963: Perfektes Benehmen auf Reisen

Die besten Reisenden sind

- aufgeschlossen: Sie lieben es, neue Orte kennenzulernen, neue Freunde zu finden und neue Erfahrungen zu machen.
- souverän: Sie wissen wenigstens ungefähr, wie sie an ihr Ziel kommen; sie werden mit kleinen Reisetragödien wie Verspätungen oder vorübergehend verschwundenen Koffern ohne Tränenausbrüche fertig.
- organisiert: Sie wissen stets, wo ihre Tickets stecken; sie sehen ordentlich aus, genau wie ihr Gepäck.
- rücksichtsvoll: Sie verhalten sich ruhig; sie breiten ihre Habseligkeiten nicht auf fremden Sitzplätzen aus; sie lassen keinen Abfall zurück.
- bequem gekleidet: Sie tragen knitterarme, bequeme Sachen, in Farben und Mustern, auf denen man nicht

gleich jeden Fleck sieht. Sie haben einen wärmenden Pullover ebenso zur Hand wie einen Regenmantel. Sie tragen Schuhe, in denen man auch *gehen* kann.

❤ nett anzusehen: In Bussen, Zügen und Flugzeugen kleiden sie sich geschmackvoll und konservativ. Mädchen ziehen einen Rock Shorts oder langen Freizeithosen vor; wenn ihnen eine lange Reise in einem Zug oder Flugzeug bevorsteht, entscheiden sie sich für einen bequem sitzenden, knitterarmen Rock. Junge Reisende beider Geschlechter sind auf unvorhergesehene Ereignisse vorbereitet: Ein Junge verfügt über eine Krawatte, ein Mädchen über eine Kopfbedeckung – ein Tuch, ein Haarnetz, einen faltbaren Hut –, um den Vorgaben in einem Restaurant, bei einem Konzert, in einer Kirche oder auf einer überraschenden Party zu entsprechen.

Enid A. Haupt, *The Seventeen Book of Etiquette & Entertaining*

Aber jetzt zum wichtigsten Teil der Flitterwochen, der Hochzeitsnacht! Hier sind ein paar Auszüge, um dir die Sorgen vor dem großen Moment zu nehmen. Der erste entstammt einem fabelhaften Buch mit dem Titel Bed Manners and Better Bed Manners. *Auf dem Cover wird behauptet, dass das Buch dich darüber informiert, wie du »Sonne in deine Nächte« bringen kannst, und es wird auf seine »teuflischen Illustrationen« verwiesen (zu dumm, dass du dir sie nicht alle ansehen kannst). Und jetzt viel Spaß, Kids!*

1946: Was man sagt, wenn …

Man »altert« weit mehr durch seine Worte als durch sein Aussehen. Die Verwendung veralteter und abgedroschener Formulierungen machen alle Bemühungen Ihres Friseurs, Ihres Schneiders oder Gymnastiklehrers zunichte, Sie jung und munter aussehen zu lassen. Und falls Sie eine Lady sind … Nun, Sie können das Zehnfache Ihres Taschengeldes zur Modistin oder in den Schönheitssalon tragen und werden doch als Großmutter eingestuft, wenn Sie altertümliche Sprüche klopfen.

Wenn Sie sagen: »Lass uns zur Ruhe begeben«, stammen Sie aus den 1870ern.

Wenn Sie sagen: »Schlagen wir uns doch ins Heu!«, sind Sie aus den 1880ern.

Wenn Sie sagen: »Wie wäre es, wenn wir uns aufs Ohr hauen?« oder Ihr Bett als »Federn« bezeichnen, benutzen Sie einen ähnlich altertümlichen Slang. Von »Falle« oder »Klappe« zu sprechen, ist auch nicht gerade neu. Im Grunde ist nichts ungefährlicher und moderner als: »Lass uns ins Bett gehen.«

Aber man wird es leicht leid, das immer wieder zu sagen, vor allem, wenn man es mehrmals am Abend wiederholen muss, bevor man Erfolg hat. In englischen Romanen bedienen sich witzige Bischöfe für gewöhnlich der Formulierung: »Lasst uns nach Bedfordshire aufbrechen!« Doch die hat auch schon Staub angesetzt.

Um für jung und flott gehalten zu werden, brauchen Sie

ein völlig neues Vokabular. Es ist durchaus spannend, sich das selbst auszudenken und nicht darauf zu warten, bis man etwas Entsprechendes in der Zeitung liest oder auf einer Party mitbekommt.

Es war originell, das Bett ein paar Jahre lang »Heu« zu nennen, auch wenn Matratzen nicht mehr mit Heu ausgestopft waren. Inzwischen ist Ihre Matratze mit erlesenem südamerikanischem Rosshaar gefüllt, mit korrekt gehärteten Federn ausgestattet und durch flockiges Vlies wundervoll isoliert. Wenn Sie uns nicht glauben, schneiden Sie das Ding auf. Oder lesen Sie die Werbeanzeige für Ihre Matratze.

Sie würden nahezu jeden, selbst Ihren Ehemann, überraschen und unter Umständen bezaubern, wenn Sie sagen: »Schlagen wir uns doch auf das erlesene südamerikanische Rosshaar mit dem korrekt gehärteten und so weiter und so weiter.« Aber vielleicht ist das zu lang, um es auswendig zu lernen, und hört sich beim zweiten Mal garantiert nicht mehr komisch an.

Um ihren Wortschatz aufzufrischen, benötigen Sie ein paar gute, verlässliche Wörter mit der Bedeutung »Bett«. Zum Beispiel Koje, Polster, Pritsche, Lager, Kissen, *lit* (französisch) und *palang* (Hindu). Dann brauchen Sie noch

Sich retirieren und ein bisschen poussieren

einige überzeugende Verben wie »niederlegen«, »gähnen«, »ruhen«, »schnarchen«, »schlummern« und so fort. Sie könnten ein Lexikon zu Rate ziehen, aber vertrauen Sie ihm nicht zu sehr. Sonst werden Sie jemanden, der nie in Boston zur Schule ging, mit einem Wort verblüffen, das er nicht versteht.

Nur wenn Ihre Frau in Boston aufgewachsen ist, können Sie zu ihr sagen: »Ich fühle mich somnolent. Wollen wir uns in unser *palang* retirieren und ein bisschen poussieren?«

»Lass uns zu Bett gehen« ist wirklich sehr viel einfacher.

Ralph Y. Hopton und Anne Balliol,
Bed Manners and Better Bed Manners

Falls du irgendwelche Probleme mit dem »ehelichen Akt« haben solltest, stehen dir jede Menge Bücher zu diesem Thema zur Verfügung. Eines davon ist C. B. S. Evans' Man and Woman in Marriage*: »... eine fundierte, verständliche Darlegung der normalen Sexprobleme und sexuellen Beziehungen ... eine detaillierte Darstellung der Ausdrucksformen körperlicher Liebe.« Wenn du das gelesen hast, sind bestimmt alle deine Fragen beantwortet.*

1931: Verkehr

Für den einen so befriedigend wie für den anderen

Bei einem Rückblick auf die Geschichte des ehelichen Sex stellt man fest, dass es von Zeit zu Zeit Veränderungen in der Art und Weise des Geschlechtsverkehrs gegeben hat. Heutzutage haben wir im Allgemeinen eine besondere Vielfalt der liegenden Position übernommen, die vor Jahrhunderten nicht in Mode war. Es ist schwer zu sagen, welche Kräfte ganze Nationen zu der weit verbreiteten Überzeugung bewegt haben, dass eine bestimmte Methode die einzig korrekte und zweckdienliche war.

Es sollte eine Position gewählt werden, die sowohl für den Mann wie für die Frau ideal sein wird. Es kann nicht erwartet werden, dass sich irgendeine Methode als befriedigend für beide erweist. Ein Mann kann einen Konfektionsanzug kaufen, der ihm passt; eine Frau ein Konfektionskleid, das ihren Anforderungen entspricht. Aber wie viele können Kleidungsstücke von der Stange finden, beispielsweise Pyjamas, die ihnen beiden passen? Ein Ehepaar sollte sich seine besondere Position »nach Maß« aussuchen, um sie mit dem Ziel auszubauen, dass sie schließlich für den einen so befriedigend ist wie für den anderen.

C. B. S. Evans, *Man and Woman in Marriage*

1942: Lache über dich selbst

Du kannst wirklich viel Spaß dabei haben

Zunächst stellt man sich vielleicht ein bisschen ungeschickt an. Natürlich muss man sich erst daran gewöhnen, in bestimmter Weise zu denken und vorzugehen. Aber nach *ein paar Wiederholungen* werden deine Handlungen automatisch, denn das ist gemeint, wenn wir »natürlich« sagen. Und du kannst wirklich viel Spaß dabei haben. Lache über dich selbst, wenn du dich ungeschickt anstellst. Viele von uns lachen viel zu wenig.

Margery Wilson, *The Woman You Want to Be*

18. Kapitel

Ein behagliches Heim

FRAGE: Liebe Miss Abigail,
wir möchten unser neues Heim zu etwas Besonderem machen. Welche Ratschläge sollten wir bei der Einrichtung beachten?

ANTWORT: Ob ihr nun ein Haus kauft oder euch eine Wohnung mietet, kann die Einrichtung eures ersten Zuhauses als Ehepaar eine wundervolle Erfahrung sein. Die Auswahl von Farben, das gefällige Arrangement der Möbel, das Verstauen von glänzenden neuen Töpfen und Pfannen sowie das Aufstellen von Putzplänen sollten dich ein paar Monate lang beschäftigen. Aber ein Heim ist natürlich sehr viel mehr als seine Einrichtung.

1904: Das Geistige und das Körperliche

Die wunderbaren Fäden des Idealismus

Das Leben und seine vorrangige Inspiration – die Liebe – bestehen aus einer Verbindung von zwei Elementen: dem Geistigen und dem Körperlichen. Das Geistige verklärt, während das Körperliche erhält. Mit der Gründung einer Familie müssen die rosigen Träume des Liebeswerbens und der Flitterwochen kein jähes, aber ein unvermeidbares Ende finden, denn den poetischen Zauber unter solchen Umständen zu erhalten bedarf der Fähigkeit eines Künstlers, die wunderbaren Fäden des Idealismus in den Alltag zu weben. Aber es kann gelingen, und wenn man nicht vergisst, dass die physische Liebe ein unverzichtbarer Bestandteil des täglichen Lebens ist, kann man die Ehe selbst inmitten häuslicher Umgebung und prosaischer Aufgaben davor bewahren, auf die rein materielle Ebene abzusinken.

Mary Ries Melendy, *Vivilore. The Pathway to Mental and Physical Perfection*

1902: Häuslicher Friede

Häuslicher Friede ist ein Segen. Schon Goethe schrieb: »Der ist am glücklichsten, er sei ein König oder ein Geringer, dem in seinem Hause Wohl bereitet ist.« Ein Heim sollte so beschaffen sein, dass das erschöpfte Herz irgendwo

Double mattress?
Twin size mattresses?
Super size mattress?
Innerspring or Foam?
Our Advice: Talk it over with your husband-to-be...then choose what you both want in a Sealy Posturepedic
Furnishing a double bedroom is a job for two people. He likes blue. You like green. So you do a blue and green color scheme, and everybody's happy.
But deciding on a mattress is different. You don't pick it for color, you pick it for comfort. Mutual comfort. And there's only one way to do it successfully. Go to your store together, and find exactly what you both want in a Sealy Posturepedic®.
The Posturepedic comes in every size, twin to king. In both innerspring and foam construction. And in a choice of comforts . . . the famous firm model, and the pampering Princess. No matter which you choose, you have this assurance: every Posturepedic is designed in cooperation with leading orthopedic surgeons for firm support. This not only means more comfortable sleeping, it means
sleeping on a too-soft
to people as young as
ttresses or Matching
from $79.50.
good
as your mattress
Sealy
Sealy
Advice to single girls
on furnishing a double bedroom.
turn the page, please

auf der staubigen Straße des Lebens jederzeit zu ihm zurückkehren kann, um Wärme und Kraft zu empfangen; es sollte für Reiche wie Arme das geheiligte Refugium unseres Lebens sein. Die Bande, welche die Reichen und Stolzen mit Zuhause verbinden, mögen auf Erden geschmiedet sein, aber jene, die den armen Mann an seinen bescheidenen Herd fesseln, sind aus edlem Metall und tragen den Stempel des Himmels.

Professor B. G. Jefferis, *The Household Guide, or Domestic Cyclopedia*

Hier etwas aus meinen Hauswirtschaftsbüchern über die Notwendigkeit eines Platzes zur Erholung, Entspannung und Reflektion. Ich hoffe, es ist möglich, dir in deinem neuen Heim eine solche Möglichkeit zu schaffen.

1947: Die Vorzüge der Abgeschiedenheit

Wir verbringen lange Stunden im Bett und sollten ausgeruht und erholt erwachen, um für die Aufgaben und Vergnügungen des Tages gewappnet zu sein. Wir lassen uns für einen Moment in unseren Lieblingssessel fallen, und die Ruhe und Friedlichkeit des Zimmers scheint etwas in uns wiederherzustellen, das für ein befriedigendes Leben notwendig ist. Das Bedürfnis nach Alleinsein ist in uns allen tief verwurzelt. Wir brauchen Abgeschiedenheit, um über

Jedermann ist überreizt

Dinge nachzudenken, unsere Eindrücke zu ordnen und unsere Überzeugungen zu überprüfen. In früherer Zeit, als unsere Bevölkerung größtenteils aus Bauern bestand, haben die Menschen auf Feldern und in Wäldern gleichermaßen Ruhe und Frieden gefunden wie daheim. Heutzutage bringt uns jeder Moment des Tages in Kontakt mit vielen anderen Menschen. Automobile, Telefone und das Radio scheinen Entfernungen ebenso aufzuheben, wie das künstliche Licht die Nacht verkürzt. Das führt dazu, dass jedermann überreizt ist. Wenn wir zu Gelassenheit und Ausgeglichenheit zurückfinden wollen, müssen wir zu Hause Phasen und Orte der Ruhe haben, die uns erlauben zu denken, zu lesen, zu entspannen und zu planen. Die Erholung, die uns für die Belastungen des nächsten Tages wiederherstellt, muss gewährt sein.

Margaret Justin und Lucile Rust, *Today's Home Living*

1890: Im selben Bett

Viele Verfasser von Büchern über sexuelle Gesundheitslehre raten Mann und Frau dazu, nicht im selben Bett zu schlafen. Ich kann keinen physiologischen oder moralischen Grund erkennen, aus dem sie es nicht tun sollten. Natürlich muss ein Schlafzimmer gut durchlüftet sein. Es sollte genügend frische Luft für zwei Lungen vorhanden sein, und beide Personen sollten sauber sein und reinliche Kleidung

Seite an Seite ruhen

tragen. Es gibt Zeiten, in denen die Eheleute enthaltsam sein müssen, und es mag für manche Männer und Frauen schwierig sein, im selben Bett zu schlafen und ihr Verlangen zu beherrschen. Unter diesen Umständen ist zu getrennten Betten zu raten, aber ich halte derartige Fälle für selten. ... Es ist von Vorteil, wenn Mann und Frau zusammen schlafen. Die enge Gesellschaft fördert und erhält die gegenseitige Liebe. ... Es ist gewiss eine der größten Freuden des Ehestandes, wenn Mann und Frau nach den Mühen und Plagen des Tages in der Stille der Nacht Seite an Seite ruhen.

»An Old Practitioner« (G. Dallas Lind),
The Mother's Guide and Daughter's Friend

Kochen, Putzen und Bügeln – oje! Die folgenden Auszüge richten sich an die »Hausfrau«, da sie Ordnung in das neue Heim bringt. Gerate nicht in Rage, ich weiß, dass die Vorstellung, Hausarbeit sei Frauensache, archaisch ist. Aber so war es damals nun einmal, und so schlägt es sich in den klassischen Ratgeberbüchern nieder. Gib nicht mir die Schuld! Wenn du dich beleidigt fühlst und dir eine zeitgemäßere Sicht auf die Dinge wünschst, brauchst du nur jedes zweite Mal mental »Frau« durch »Mann« und »sie« durch »er« zu ersetzen. Das sollte dich beruhigen.

18. Kapitel

1952: Hausfrau oder Haushälterin?

Hausfrau oder Haushälterin? Ich bin sicher, dass es keine Frau gibt, die lieber Haushälterin als Hausfrau genannt würde. Und doch muss man als gute Hausfrau auch eine gute Haushälterin sein.

Ein behagliches Heim zu schaffen ist für die moderne Frau eine ebenso große Herausforderung wie für ihre Urgroßmutter! Die neuzeitlichen Textilien, Elektrogeräte, Lebensmittel und Haushaltstechniken sind Dinge, die Urgroßoma nicht kannte. Aber von der Hausfrau von heute wird erwartet, »im Bilde zu sein« und ihren Haushalt auf den neuesten Stand zu bringen, eben weil sie eine moderne Frau ist.

Die sie selbstverständlich auch sein möchte! Aber das ist nicht so einfach, wie es klingt. Es gibt so viele neue Dinge, so viele Informationsquellen, aber so wenig Zeit für die viel beschäftigte Hausfrau! ...

Richtige Planung ist die Lösung. Und die haben Sie sehr schnell, wenn Sie »Ihren Kopf einsetzen, um Ihre Füße zu schonen«, wie es so schön heißt. Das ist ein wundervoller Rat. Ich möchte einen weiteren hinzufügen: »Erlösen Sie Ihre Füße und setzen Sie sich auf Ihre vier Buchstaben«, damit Sie so oft wie möglich Ihre Kräfte schonen! Ihre Familie hat wesentlich mehr von Ihnen, wenn Sie nicht körperlich völlig erschöpft sind. Wenn Sie diese kleinen Ratschläge befolgen, kann ich Ihnen aus Erfahrung bestätigen, dass Sie sich

Eine ebenso große Herausforderung

ein behagliches Zuhause schaffen werden! Und das auch noch ganz mühelos! Was kann eine Frau mehr verlangen?

Marjorie Roehl Kaschewski, *Housekeeping Made Simple*

1965: Dinner für zwei

Eine kluge Braut kocht, um ihrem Mann zu gefallen

Die Flitterwochen sind vorüber, die Würfel sind gefallen. Nur Sie, Sie allein, können verhindern, dass Ihr Mann und Sie verhungern. Entweder Sie greifen zum Dosenöffner, um mehr Zeit im Schönheitssalon verbringen zu können, oder Sie nehmen sich vor, einen lohnenderen Weg einzuschlagen.

Sie beschließen, kochen zu lernen, kulinarische Methoden auszuprobieren und ebenso appetitliche wie nahrhafte Gerichte auf einen ansprechend gedeckten Tisch zu bringen.

Die erfolgreiche Verpflegung eines Ehemanns beginnt damit, ihm Dinge zu servieren, die er gern isst, denn eine kluge Braut kocht, um ihrem Mann zu gefallen. Sie bemüht sich, die Mahlzeiten angenehm und gemütlich zu gestalten. Sie weiß, dass nach Expertenmeinung »unbeschwerte Mahlzeiten für die Gesundheit ebenso wichtig sind wie ein nahrhaftes Essen«. Unabhängig davon, ob das Essen zwanglos in der Küche eingenommen wird, bei Kerzenlicht am Esszimmertisch oder im Wohnzimmer mit leiser Musik im Hintergrund, ist für eine ordentliche Umgebung und eine entspannte Atmosphäre ebenso zu sorgen wie für ein kleines Extra – eine Rosenblüte in einer Glasschale, eine kunstvoll gefaltete Serviette, eine hübsche Porzellanfigur –, um Ihren Mann daran zu erinnern, wie glücklich er sich schätzen kann, Sie »geangelt« zu haben.

Evelyn Enright und Ann Seranne,
Happy Living! A Guidebook for Brides

1902: Goldene Regeln für die Küche

- Ohne Sauberkeit und Pünktlichkeit ist gutes Kochen unmöglich.
- Man sollte nichts schmutzig herumstehen lassen, sondern unverzüglich abwaschen und aufräumen.
- Zeit für alles und alles rechtzeitig.
- Ein guter Koch lässt nichts verkommen.
- Einer am Morgen verlorenen Stunde läuft man den ganzen Tag hinterher.
- Eile ohne Hast erspart die Sorgenlast.
- Gekochter Schmorbraten ist schlecht geraten.
- Kräftiges Feuer zum Braten.
- Offenes Feuer zum Rösten.
- Gemüse muss dreimal gewaschen werden.
- Fisch will schnell, Fleisch langsam garen.

Professor B. G. Jefferis, *The Household Guide, or Domestic Cyclopedia*

1962: Erfreue dich an den guten Dingen, solange du es kannst

Vor allem möchte ich euch lieben Hausfrauen sagen, dass es in eurem Heim nichts Wichtigeres gibt als *euch*! Hebt wertvolle Sachen nicht für »morgen« auf, sondern benutzt sie jetzt. Das Leben ist kurz, also genießt jeden Tag.

Hole deine Silberbestecke hervor, lege sie in eine Küchenschublade und benutze sie täglich. Bring dein gutes Geschirr mindestens einmal in der Woche auf den Tisch. Niemand, der zu Besuch kommen könnte, ist wichtiger und wird mehr geliebt als dein Mann und deine Kinder. Sie sind die Größten!

Wenn du doch nur einige der Briefe lesen könntest, die mich erreichen und in denen Sätze wie die folgenden stehen:

»Heloise, ich habe gar nicht gewusst, wie sehr ich meinen Mann liebe, bis er nicht mehr da war. Ich habe das alte Geschirr aufgedeckt, meine Silberbestecke für Besuch aufgehoben (dabei war mir keine Gesellschaft lieber als seine) und den wunderschönen Satinsessel (den er mir geschenkt hat) mit einer Schutzdecke verhüllt, während es besser gewesen wäre, ihn auch zu benutzen, damit er sehen kann, welche Freude er mir damit gemacht hat! Wenn ich doch nur … Sagen Sie den jungen Leuten, sie sollen das Leben mit ihren Familien genießen und sich an ihren guten Sachen erfreuen.«

Kram endlich deine hübsche Zuckerschale hervor

Also kram endlich deine hübsche Zuckerschale hervor, selbst wenn du nur deine Seife darin aufbewahrst. Na und? Wenigstens hast du dann täglich deine Freude daran!

Heloise, *Heloise's Housekeeping Hints*

»Meiner geliebten Frau, für Zeiten, in denen ich nicht da bin. Weihnachten 1969«, steht als Widmung in meinem Exemplar von Marjorie Holmes' Buch I've Got to Talk to Somebody, God. *Das klingt zauberhaft – bis man einige der Kapitelüberschriften liest: »Die andere Frau« (»Diese Frau fühlt sich zu meinem Mann hingezogen, lieber Gott, und ich weiß nicht, ob ich stolz, amüsiert, besorgt oder wütend sein soll.«), »Der Streit« (»Lieber Gott, gestern Abend haben wir uns gestritten, und heute ist mir das Herz ganz schwer.«), »Wenn ein Ehemann das Interesse verliert« (»Mein Mann interessiert sich nicht mehr für mich, Gott. Das fühle ich. Ich weiß es«). Allerdings gibt es auch viel Erbauliches in dem Buch. Ich habe ein Gebet zum Thema Hausarbeit ausgewählt. Erinnere dich daran, wenn du das nächste Mal deine Sachen bügelst.*

1969: Ein Gebet, beim Bügeln aufzusagen

Lieber Gott, lass mich erkennen, dass es keine Strapaze ist, diese Sachen für meine Familie zu bügeln, sondern ein Segen.

Weil wir so viele Kleidungsstücke haben, die uns warm halten. So viele Sachen, die unsere Kinder glücklich ma-

Danke dafür, dass es Sprühstärke gibt

chen: hübsche Kleider, bunt karierte Hemden. Lass mich sogar für die Hosen dankbar sein, obwohl sie schwer zu bügeln sind. Lass mich dankbar dafür sein, Söhne zu haben.

Ich danke dir für dieses Eisen mit seiner einfachen und doch phantastischen Kraft: Hitze und Dampf.

Ich danke dir für mein stabiles Bügelbrett. Danke dafür, dass es Sprühstärke gibt, die meinen Zeitaufwand des Befeuchtens beträchtlich reduziert hat und alles so wundervoll frisch macht. Danke für diesen Schatz zerknüllter und zerknitterter Kleidungsstücke, Tischdecken und Kissenbezüge.

Danke, dass du mir die Kraft verleihst, diese Menge glatt zu bügeln. Und für all die Stunden meines Lebens, in denen ich in der Lage war, diese Aufgabe zu bewältigen, obwohl ich mich davor gefürchtet habe oder sogar versucht war, mich davor zu drücken.

Bitte, lieber Gott, statte mich mit der nötigen Geduld aus, meine Tochter in dieser alten Kunst zu unterweisen, mit der sich jede Frau auskennen sollte. Und sie auch meinen Söhnen beizubringen, damit sie, falls sie dazu gezwungen sein sollten, ihre Sachen selbst bügeln können.

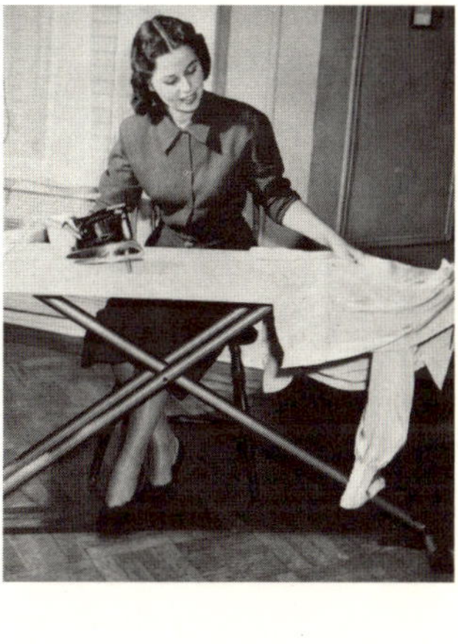

Und, lieber Gott, verleih mir eine spirituelle Stärke, die der Energie entspricht, die ich auf diese Kleidungsstücke verwende. So wie du meine Hände dazu befähigt hast, dieses Eisen zu lenken, statte mich auch mit genügend Weisheit aus, meine Kinder zu lenken und die Falten und Runzeln in ihren Leben auszubügeln.

Marjorie Holmes, *I've Got to Talk to Somebody, God*

Ein wichtiges Thema bei der Gründung eines Haushalts ist das Aufräumen und Putzen. Da ihr jetzt zu zweit seid, sollte das kinderleicht sein. Doch zunächst geht es um die passende Kleidung beim Hausputz. Das Folgende wurde für Mädels geschrieben, aber ich habe keine Probleme damit, wenn sich der Ehemann in eine hübsche Kittelschürze wirft, bevor er zum Mopp greift. Aber es ist dein *Heim. Du kannst machen, was du willst!*

1929: Dem Anlass entsprechend

Es gibt noch eine andere wichtige Aufgabe im Leben einer Hausfrau, die du nie vergessen solltest. Dabei geht es darum, stets dem Anlass entsprechend gekleidet zu sein. Du würdest doch auch nicht in deinen ältesten und schäbigsten Kleidern zur Schule oder ins Büro gehen, oder? Weshalb glaubst du dann, in ihnen deine Hausarbeit erledigen zu müssen? In dieser hektischen Zeit wird die kluge Frau jederzeit für ihren Mann und ihre Kinder so gut wie möglich aussehen.

Halte immer eine saubere Schürze bereit

Zunächst einmal können deine Hauskleider absolut praktisch und hervorragend für ihre Zwecke geeignet sein und zur gleichen Zeit hübsch und gefällig aussehen. Es besteht überhaupt kein Grund, warum es sich um unförmige, hässliche Gebilde handeln muss, die mit dem Etikett versehen werden, praktisch zu sein. Ein falsches Etikett, denn hässliche Hauskleider sind äußerst unbrauchbar und extrem kostspielig durch ihre psychologischen Auswirkungen auf dich ebenso wie auf deine Familie. Damit ein Hauskleid wirklich praktisch ist, sollte es aus einem Stoff bestehen, den du häufig waschen kannst, und so geschnitten sein, dass es dich nicht bei der Arbeit behindert. Farben und Stoff können gefällig und der Schnitt kann modisch sein. ...

Die Zubereitung des Frühstücks ist heutzutage keine Aufgabe mehr, bei der man sich schmutzig macht! Daher kannst du dafür ein hübsches Negligé anziehen. Um das Geschirr abzuwaschen, schlüpfst du in das Hauskleid, das du bereits gestern getragen hast – halte jedoch immer eine saubere Schürze für den Fall bereit, dass es an der Tür klingelt. Nach deiner schmutzigsten Hausarbeit ziehst du ein sauberes und geringfügig eleganteres Kleid an, um deine Einkäufe zu erledigen und das Mittagessen zuzubereiten. Damit solltest du den Rest des Tages verbringen, bis es an der Zeit ist, sich zum Abendessen umzukleiden, denn das ist etwas, was eine Lady immer tut.

Daré Frances, *Lovely Ladies. The Art of Being a Woman*

Wenn du dich an den Hausputz machst, könntest du dich fragen, wie viele Dinge du einfach übersehen kannst, ohne dass jemand dein Zuhause für schmutzig hält. The Mother's Guide *weiß Rat:*

1890: Was ist Schmutz?

Alles, was die Sinne beleidigt, ist Schmutz. Alles, was sich nicht an seinem richtigen Platz befindet, ist Schmutz. Erde im Garten und Kies auf der Straße sind dort kein Schmutz, wohl aber auf dem Fußboden eines Hauses. Staub auf Möbeln mag vielleicht unvermeidbar sein, wenn das Haus an einer staubigen Straße liegt, aber im Allgemeinen ist es ein Beweis für eine schlechte Haushaltsführung, wenn die Staubschicht so dick ist, dass man seinen Namen darauf schreiben kann. Ein Wischen mit dem Staubwedel ein- oder zweimal am Tag hält die Möbel sauber.

Manche Menschen würden auch über den Fußboden verstreute oder nachlässig auf einem Tisch zurückgelassene Bücher und Zeitungen als Schmutz bezeichnen. Wenn so etwas Schmutz ist, dann ist er zumindest von einer sehr entschuldbaren Art. Bei Menschen, die von Büchern und Zeitungen nur wenig Gebrauch machen, sind sie für gewöhnlich ordentlich verwahrt.

»An Old Practitioner« (G. Dallas Lind),
The Mother's Guide and Daughter's Friend

Okay, ich weiß, du bist es leid, so zu tun, als wären diese Haushaltstipps für Frauen und *Männer geschrieben. Zum Glück habe ich diesen erfrischenden Text von Margaret Sanger aus dem Jahr 1940 ausgegraben, die offenbar findet, dass doch nicht alles Frauensache ist.*

1940: Haushaltspflichten

Was früher als ausnahmslos weibliche Pflicht galt, scheint heutzutage freiwillig vom Ehemann übernommen zu werden. Mit Sicherheit bedeutet es keinen Verlust an Männlichkeit oder Würde, sich die schwereren und unangenehmeren Aufgaben im Haushalt zu teilen. Meiner Ansicht

Kein Verlust an Männlichkeit

nach trägt diese gemeinsame Übernahme der Haushaltspflichten durch Frau wie Mann mehr als vieles andere zur Schaffung der wundervollen Kameradschaft bei, die das sicherste Fundament glücklicher und dauerhafter Ehen ist.

Der Ehemann, der sich solchen Aufgaben entzieht und ihre Ausführung für die alleinige Pflicht der Frau hält, der glaubt, unter dem Pantoffel zu stehen, wenn er um Hilfe gebeten wird, ist in der Tat ein bedauernswertes Wesen. Darüber hinaus zeigt er eine kleinliche und rücksichtslose Seite seines Charakters, die von seiner Frau besorgt wahrgenommen wird. Er kennt die Freuden echter Kameradschaft in seinem Eheleben nicht und hat es sich selbst zuzuschreiben, wenn er durch sein Verhalten ähnliche Eigenschaften in seiner Frau hervorruft. Das war unglücklicherweise die traditionelle Einstellung vieler im Ausland geborener Männer gegenüber ihren Frauen. Frauen sind nicht nur dazu geschaffen, den körperlichen und sexuellen Bedürfnissen ihrer Männer zu dienen, ohne dass diese keine anderen Verpflichtungen hätten, als für ein Zuhause zu sorgen und die Rechnungen zu bezahlen. Zum Glück für uns alle gehört dieser Typ von Ehemann bald der Vergangenheit an.

Margaret Sanger, *Happiness in Marriage*

19. Kapitel

Liebe in Zeiten der Ehe

FRAGE: Liebe Miss Abigail,
unsere ersten Ehemonate waren phantastisch! Aber es ist mir ein bisschen schwergefallen, mich daran zu gewöhnen, ihn ständig um mich zu haben. Manchmal geht er mir echt auf die Nerven! Ist das normal?

ANTWORT: Ach, die Flitterwochen sind vorüber, wie man so schön sagt. Es ist für Neuvermählte durchaus nicht ungewöhnlich, auf dem Weg zu einer langen Ehe über ein paar Hindernisse zu stolpern. In seinem Buch *Your First Year of Marriage* hat Tom McGinnis für dich passende Ratschläge parat. Wenn dir dieses Kapitel nicht reicht, könntest du versuchen, dir ein vollständiges Exemplar zu besorgen.

1967: Die Wucht der Realität

Bei der Einrichtung deines ersten eigenen Heims wirst du neben der Freude, der Aufregung und dem Gefühl von Freiheit und Selbständigkeit vermutlich auch Enttäuschung empfinden. Wie intensiv wird zum großen Teil davon abhängen, wie weit sich deine Erwartungen an deinen Mann und die Ehe der Wirklichkeit angenähert haben.

In jeder Ehe kommt es zu Ernüchterung: zu einem Ende der romantischen Verzauberung, der Glückseligkeit und des ausschließlichen Interesses aneinander, das für die ersten Tage charakteristisch ist. Dass eine Rückkehr zur Realität unvermeidlich ist, wird wohl jeder einsehen. Der Satz »Die Flitterwochen sind vorüber« ist beredter Ausdruck dieser Erkenntnis. …

Wenn sich Ernüchterung und Enttäuschung über einen gewissen Zeitraum hinweg entwickeln, sind sie relativ leicht in den Griff zu bekommen. Häufig jedoch treten sie ganz plötzlich auf, und das auf eine Weise, die unerträglich zu sein scheint. Neuvermählte erleben häufig das, was als jähes Erwachen bezeichnet werden kann, und geraten in eine Situation, in der sie sich fragen: »Wie konnte ich diesen unmöglichen Menschen nur heiraten? Ich muss den Verstand verloren haben.« Wenn der Schock allzu groß ist, überwinden ihn manche Menschen nie, und ihre Ehe ist zum Scheitern verurteilt. Aber die meisten kommen zu der Einsicht, dass ihre Erwartungen unrealistisch waren.

Eine Rückkehr zur Realität ist unvermeidlich

Mit der Entdeckung neuer Verantwortlichkeiten kommt die Erkenntnis, dass der Spaß und die Freude, die ihr vor der Ehe miteinander hattet, jetzt durch andere Vergnügungen ersetzt werden müssen. In der Zeit eurer Verabredungen, eurer entstehenden Liebe und in den Flitterwochen hast du deinen jetzigen Mann vor allem als Partner für Freizeitaktivitäten gesehen. Ihr habt einander kennen und lieben gelernt, als euer Zeitvertreib darin bestand, auf Partys zu gehen, zu tanzen, zu schwimmen, zu bowlen und so weiter. Eure Beziehung zueinander war relativ unbelastet von den Widrigkeiten des Alltags, eine Zeit des Händchenhaltens und zärtlichen Geflüsters. Ganz plötzlich und unvermittelt, so scheint es, bist du gezwungen, das Haus tipptopp in Ordnung zu halten, Mahlzeiten zuzubereiten, den Backofen zu reinigen, Teppiche zu saugen oder Wasserhähne zu reparieren.

Tom McGinnis, *Your First Year of Marriage*

Dieses kuriose Buch präsentiert zwei Sichtweisen zum Thema Ehestand: eine für Frauen und eine für Männer. Im Klappentext der für »sie« bestimmten Hälfte steht: »Männer, dreht dieses Buch um: Nur ein Doppelbuch wird der Tatsache gerecht, dass das Thema Ehestand zwei Seiten hat. Diese Hälfte des Buches ist nur *für die Augen von Frauen bestimmt, und für* Sie, *Madam, beträgt der Preis 2,98* Dollar. *Ein Ehemann kann dieses Buch wenden, um die für ihn bestimmten Ausführungen von Emily Hahn zu lesen. ... Er hat 3,00 Dollar zu zahlen. Wir kennen die Männer: Sie achten nicht auf den*

Pfennig.« Der Klappentext für »ihn« endet mit: »Sie hat den Schnäppchenpreis von 2,98 Dollar zu zahlen. (Daran sehen Sie, wie gut wir *die Frauen verstehen.)«*

1896: Wie müssen Ehepaare miteinander umgehen?

Wenn ein Mann und eine Frau gut zusammenleben wollen, müssen sie die Pflanze der Liebe zum sonnigsten und sichersten Platz ihrer Wohnung bringen. Sie müssen sie mit Tränen der Reue oder Tränen der Freude wässern; sie müssen darauf bedacht sein, zerstörerische Insekten abzusammeln und tote Blätter zu entfernen, damit die lebenden ihren Platz einnehmen können. Und wenn sie glauben, es gäbe in ihrem Leben etwas Wichtigeres als die Pflege die-

Die Pflanze der Liebe zum sonnigsten und sichersten Platz bringen

ser Pflanze, dann verdienen sie einander nicht, und die Vergeltung folgt auf dem Fuß. Ihre Liebesschwüre werden in ihrem Leben widerhallen wie Meineide; beim Anblick ihrer in einer Schublade vergessenen Liebesbriefe wird sie Spott und Hohn befallen; in der Verbitterung ihrer Enttäuschung werden sie in ihrer Torheit Gott beschuldigen und glauben, dass an der Wurzel jeder Pflanze ein schädlicher Wurm sitzt, weil sie die ihre vernachlässigt haben, und dass jede Ehe unglücklich ist, weil sie sich um ihre nicht ausreichend bemühten.

Ein Mann muss sich seiner Frau mit Herz und Verstand widmen, wie auch die Frau dem Mann, wenn ihre Ehe glücklich werden soll.

Robert F. Horton, *On the Art of Living Together*

Die junge Ehefrau könnte sich fragen, wie sie mit der Tatsache fertig wird, ständig einen Mann um sich zu haben. Um das zu beantworten, zitiere ich J. H. Kelloggs' Rat aus dem Jahr 1886.

1886: Eine gute Verdauung sorgt für gute Laune

Du kannst es dir erlauben, großzügig und hochherzig zu sein

Du hast einen Ehemann gefunden, der hoffentlich ganz nach deinem Herzen ist und zu dir passt, und jetzt stellt sich die Frage, was du mit ihm anfangen und für ihn tun kannst? Schaffe ihm vor allem ein behagliches, angenehmes und sauberes Heim. Sorge gut für ihn. Besonders für seinen Magen, indem du ihm gesunde und bekömmliche Mahlzeiten vorsetzt. Wenn es dir gelingt, seine Verdauung in guter Verfassung zu halten, kannst du darauf vertrauen, dass er seine gute Laune behält, es sei denn, er ist ein außergewöhnlich reizbarer Mann. Behandele ihn gut und verlange das Gleiche von ihm. Begegne ihm mit Respekt, und bestehe darauf, dass auch er dir respektvoll entgegenkommt. Achte sein Recht auf eine eigene Meinung, und verlange, dass er deine Ansichten respektiert. Lass ihm gelegentlich seinen Willen, vor allem, wenn du recht hast und er unrecht. Du kannst es dir erlauben, großzügig und hochherzig zu sein, wenn du das Recht auf deiner Seite hast, da sich das letzten Endes mit Sicherheit herausstellen wird.

J. H. Kellogg, *Plain Facts for Old and Young. Embracing the Natural History and Hygiene of Organic Life*

1942: Das Erscheinungsbild eines Mannes

Vor allem sollten Sie nicht nörgeln

Was ist, wenn Ihr Mann in puncto Kleidung einen schlechten Geschmack hat? Vielleicht sogar einen lausigen? Bemerkungen über schlechten Geschmack oder Nachlässigkeit sind sinnlos, weil die meisten Ehemänner Kritik an ihrer Kleidung übel nehmen. Natürlich sind Sie bestrebt, Ihren Mann attraktiver zu machen und bedeutend aussehen zu lassen, auch wenn er kein großes Tier ist, und verständlicherweise machen Sie hin und wieder Vorschläge für eine Verbesserung seiner Garderobe, die jedoch auf taube Ohren stoßen oder Ihnen einen verächtlichen Blick einbringen, der deutlich besagt: »Was weißt du schon davon?« oder: »Kümmere dich um deine Sachen«.

Sie wollen wissen, was Sie in dem Fall tun können, dass Ihr Mann Ihre Ratschläge ignoriert oder verärgert auf sie reagiert? Vor allem sollten Sie nicht nörgeln. Und niemals dürfen Sie sagen: »Warum kaufst du dir eigentlich keinen blauen Zweireiher? John Smith sieht in seinem richtig gut aus.« Oder: »Ich wünschte, du würdest eine andere Farbe tragen, nicht nur Braun.« Oder: »Du siehst in blauen Anzügen grauenhaft aus.« Gehen Sie diplomatisch vor. Wenn Sie wollen, dass er sich einen blauen Zweireiher anschafft, dann sagen Sie: »John, ich glaube, ein blauer Zweireiher würde dir gut stehen.« Natürlich wird er wissen wollen, wie Sie darauf kommen, und wird Sie vermutlich fragen: »Warum?«

Damit haben Sie ihn schon fast an der Angel und können zum entscheidenden Schlag ausholen. Aber sagen Sie jetzt bloß nicht: »Weil mir Blau gefällt. Ich bin es wirklich leid, dich ständig nur in Braun zu sehen.« Beteuern Sie lieber, dass ein blauer Zweireiher sein Profil, seinen Teint, die Farbe seiner Augen oder seine Schultern vorteilhaft zur Geltung bringen würde. Er könnte entgegnen, das sei Schwachsinn, völlig egal, oder Sie beschuldigen, ihn veralbern zu wollen, aber keine Angst: Auch Männer sind eitel, und selbst wenn es ein ziemlicher Schmus ist, gefällt es ihnen! Mit dieser Strategie bringen Sie Ihren Mann nicht nur die Idee näher, sich einen Anzug zu kaufen, der Ihnen gefällt, sondern tun darüber hinaus auch etwas für sein Ego, indem Sie ihm Komplimente über ein paar Dinge machen, die Ihnen an ihm gefallen.

J. Joseph Marshall, *Living with a Husband and Liking It*

Viele Jungverheirateten fragen sich, wie viel und welche Kritik ihr Ehepartner verträgt – wenn überhaupt welche. Niemand möchte gern als Nörgler oder Xanthippe dastehen. Hier sind ein paar Ratschläge zu diesem Thema:

1916: Sollen Eheleute einander kritisieren?

Im Geist der Freundschaft und des Wohlwollens

Wir sind es unseren Freunden, besonders den besten unserer Freunde auf Erden – unserer Ehefrau oder unserem Ehemann –, schuldig, sie im Geist der Freundschaft und des Wohlwollens auf ihre Fehler hinzuweisen, um diese zu korrigieren. Jedoch sollten wir dabei nicht tadelsüchtig und selbstgerecht vorgehen, sondern besonnen und liebevoll, und wir dürfen nicht in Ungeduld verfallen, wenn die Gewohnheiten von Jahren nicht innerhalb einer Woche aufgegeben werden.

Professor T. W. Shannon, *Nature's Secrets Revealed. Scientific Knowledge of the Laws of Sex Life and Heredity, or Eugenics*

1929: Frauen sind geborene Schauspielerinnen

Die meisten Frauen sind von Natur aus geborene Schauspielerinnen, aber gute Frauen agieren für eine gute Sache; sie können Kummer heldenhaft hinter einem Lächeln verstecken und Selbstaufopferung hinter kecker Geschwätzigkeit. Daher sollte der Mann, den es ärgert, sich mit den Fehlern seiner Ehefrau abfinden zu müssen, nicht

Gute Frauen agieren für eine gute Sache

vergessen, dass sie sich sehr wahrscheinlich mit seinen Fehlern abfindet – aber auf eine so geschickte Weise, dass es ihm völlig verborgen bleibt.

»A Husband« (Cyril Scott), *The Art of Making a Perfect Husband*

1947: Gefahren für das Eheglück

Eine weitere Quelle für Irritation ist die Neigung von Ehepaaren, einander zunehmend für selbstverständlich zu halten, sobald die Flitterwochen vorüber sind. Die junge Frau, die in den Tagen der ersten Liebe so viel Wert auf ihr Äußeres legte, wird nachlässig. Ihre Ernährung wird ihr gleichgültig, und sie nimmt undiszipliniert Fette und Süßigkeiten zu sich, bis sie den Umfang eines Fasses angenommen hat, und dann beginnt sie sich zu wundern, warum ihr Mann sie nicht mehr anziehend findet. Zuhause gefällt sie sich in weiten Kitteln, unförmigen Kleidern und unfrisierten Haaren – ein Anblick, der jeden Mann aus dem Haus treibt. Der Ehemann wiederum sollte sein Heim nicht für eine Art Hundezwinger oder Stall betrachten, in dem er in Socken herumlaufen und ohne jede Rücksicht auf die Vorzüge zivilisierten Verhaltens Anordnungen oder Beschwerden brüllen kann.

Das soll keineswegs heißen, dass es allen Menschen möglich ist, ein Ausbund an Schönheit zu sein, sich eine sylphenhafte Gestalt zu bewahren und jederzeit die exquisiten Manieren und das tadellose Benehmen eines Diplomaten

Ein menschliches Wesen mit Empfindungen

zu beherrschen. Mit den Jahren verblasst der Zauber der Jugend, und zuhause haben sowohl Mann wie Frau einen Anspruch auf ein vernünftiges Maß an informeller Bequemlichkeit. Dennoch kann es viel zu häuslichem Frieden und andauerndem gegenseitigem Respekt beitragen, wenn man bedenkt, wie sein Äußeres auf den anderen wirkt und sich ihm gegenüber höflich benimmt. ...

Ein rücksichtsvoller Ehemann weiß, dass seine Frau ein menschliches Wesen mit Empfindungen ist und kein Galeerensklave, der seine Befehle auszuführen hat. Er wird an Geburtstage und Jubiläen denken, hin und wieder Blumen und Konfekt mitbringen und seine Frau zum Essen und ins Theater einladen. Er wird ihre Kleider oder Hüte bemerken und bewundern und ihr sagen, wie hübsch sie aussieht, diese Dinge nie für selbstverständlich halten und ihr keinen Anlass geben, sich extravagant oder lächerlich vorzukommen.

Wenn er zur Arbeit geht oder zurückkehrt, wird er seine Frau küssen und nicht aus dem Haus eilen wie jemand, der keinerlei Zuneigung empfindet. Er wird seine Frau häufig in die Arme nehmen und ihr sagen, dass er sie liebt und sie immer die Frau seiner Träume sein wird. Kurz gesagt: Das Glück und die Schönheit seiner Frau werden stets seine Hauptsorge sein, da er möchte, dass sie die lebendige Flamme ist, die sein Leben erhellt und erwärmt.

Rev. James A. Magner, *The Art of Happy Marriage*

20. Kapitel

Und sie lebten für immer glücklich miteinander

FRAGE: Liebe Miss Abigail,
uns sind schreckliche Geschichten über Paare zu Ohren gekommen, die sich nach wenigen Jahren Ehe auseinandergelebt haben. Wie können wir verhindern, dass uns Ähnliches geschieht?

ANTWORT: Sieh dir an, wie weit du es gebracht hast: Du bist erwachsen und mit dem Mann verheiratet, den du liebst. Ich bin ungemein stolz auf dich! Wenn du die klugen Worte der klassischen Ratgeber sorgfältig gelesen hast, sollte eigentlich nichts schiefgehen und ein langes und glückliches Leben vor euch liegen. Zu Beginn dieses letzten Kapitels habe ich einen Auszug aus einem Buch mit dem Titel *Home and Health and Home Economics*. Neben Haushaltstipps über Rezepte bis zu Hinweisen zum Verbinden von Wunden enthält dieses Buch auch zeitlose Ratschläge für Ehepaare, die dir auch mehr als hundert Jahre später nutzen können.

1880: Auf dem Weg zu immerwährenden Flitterwochen

Verhaltet euch wie in der Zeit des Liebeswerbens. Gleiche Ursachen erzeugen gleiche Wirkungen. Nehmt euch nicht das Recht heraus, den Partner nach der Heirat mehr zu vernachlässigen als vor der Ehe.

Habt keine Geheimnisse voreinander. Dritte sind immer störend für eine Ehe.

Denkt niemals über Veränderungen nach, sobald ihr verheiratet seid. Wenn ihr die Tür eurer Ambitionen geschlossen haltet, können sich ohne eure Hilfe keine schlechten oder auch wünschenswerten Veränderungen bemerkbar machen.

Macht das Beste aus dem Unvermeidlichen. Betrachtet alles nur von seiner guten Seite. Der menschliche Verstand ist so beschaffen, dass wir glauben, was wir glauben wollen; auch das, was wir häufig sagen.

Haltet mit der geistigen Entwicklung Schritt. Ein vierzigjähriger Baum kann einem anderen jede Sonne nehmen, der mit zwanzig Jahren das Wachstum einstellt.

Bemesst eure Ausgaben entsprechend euren Einkünften. Liebe braucht Nahrung. Der Sheriff erhebt häufig Abgaben auf die Liebe, bevor er die alten Möbel besteuert.

Nehmt euch ein Beispiel an euren Eltern und beginnt da, wo sie angefangen haben, und nicht da, wo sie heute stehen. Eine prächtige Zurschaustellung fördert häufig eine zu große Versuchung, während die Ruhe eines bescheidenen Heims die Nähe der Herzen zementiert.

Vermeidet es, Schulden zu machen. Gebt nur Geld aus, das euch gehört, dann braucht ihr einander keine Vorwürfe zu machen, das Geld anderer Leute auszugeben.

Werdet nicht beide zur gleichen Zeit zornig. Zum Streiten gehören zwei.

Lasst es niemals zu offenen Feindseligkeiten kommen. Ungesagte Dinge brauchen nicht bereut zu werden.

Bemüht euch um Verständnis für die Stimmung des anderen, um Reibungen zu vermeiden.

Bemüht euch, eure Vorlieben und Gewohnheiten mit denen des anderen in Einklang zu bringen. Wenn zwei im Gleichschritt gehen, müssen sie übereinstimmen.

Chang und Eng waren siamesische Zwillinge. Als Eng erkrankte, brachte Chang ihn dazu, sich hinzulegen. Eng starb, und Chang konnte ihn nicht überleben. Sorgt gut füreinander. Nur wenige Menschen überleben eine Scheidung.

C. H. Fowler und W. H. De Puy,
Home and Health and Home Economics

Als ich den folgenden Auszug aus Edward Podolskys Sex Today in Wedded Life *zum ersten Mal las, war ich froh, dass wir heute leben und nicht in der Vergangenheit. Die beiden Gebotslisten legen nahe, dass die Ehefrau sehr viel ernstere Dinge bedenken muss als ihr Mann, der lediglich nicht vergessen darf, wann sie Geburtstag hat und dass er sie in der Öffentlichkeit küssen sollte. Doch dann fielen mir ein paar ganz interessante Punkte auf. Lies doch einmal das zehnte Gebot für die Ehefrau: Sie soll ihn* glauben *lassen, er hätte die Hosen an?*

1947: Zehn Gebote für Ehefrauen

1. Belästige deinen Ehemann nicht mit trivialen Problemen und Beschwerden, wenn er von der Arbeit nach Hause kommt.
2. Sei eine gute Zuhörerin. Lass ihn von seinen Problemen erzählen; im Vergleich dazu werden dir deine belanglos vorkommen.
3. Vergiss nicht, dass deine wichtigste Aufgabe darin besteht, sein Ego (das im Beruf beträchtliche Dellen erhält) zu stärken und zu pflegen. Moral ist Frauensache.
4. Lass ihn vor dem Dinner entspannen und diskutiere erst über Familienprobleme, wenn für sein leibliches Wohl gesorgt ist.
5. Denke stets daran, dass er ein Mann ist und gute eheliche Beziehungen die Harmonie fördern. Achte darauf, dass deine Ansichten über Sex vernünftig sind.
6. Kein Mann mag es, wenn seine Frau ständig erschöpft ist. Schone deine Energien, damit du ihm die Aufmerksamkeit schenken kannst, nach der er verlangt.
7. Lass dich nie dazu verleiten, deinen Ehemann in Anwesenheit anderer lächerlich zu machen. Wenn du ihn kritisieren musst, dann unter vier Augen und ohne Zorn.
8. Vergiss nicht, dass ein Mann nur ein großer Junge ist. Er genießt es, bemuttert zu werden, solange es nicht zu dick aufgetragen wird.
9. Lebe nicht über deine Verhältnisse oder vergrößere die finanziellen Belastungen deines Ehemannes.

10. Versuche nicht, ihn zu kommandieren. Lass ihn glauben, er hätte die Hosen an.

Zehn Gebote für Ehemänner

1. Denke daran, dass deine Ehefrau wie deine Liebste behandelt werden möchte.
2. Vergiss weder ihren Geburtstag noch euren Hochzeitstag.
3. Bring ihr jede Woche ein Geschenk mit, egal wie klein es auch sein mag. (Nicht der Preis ist wichtig, sondern dass du an sie gedacht hast.)
4. Halte die Liebe nicht für selbstverständlich. Geh nicht sparsam mit deinen Küssen um. Da sie eine Frau ist, möchte sie umworben werden.
5. Respektiere ihre Intimsphäre.
6. Sei immer und unter allen Umständen zärtlich, liebenswürdig und rücksichtsvoll.
7. Sei großzügig in Gelddingen, nicht knauserig.
8. Mach ihr Komplimente über ein neues Kleid, ihre Frisur, ihre Fähigkeiten als Köchin und so weiter.
9. Begrüße sie stets mit einem Kuss, vor allem in der Anwesenheit von anderen Menschen.
10. Vergiss nicht, dass die Ehe ein Gemeinschaftsunternehmen ist und du nicht die Mehrheit der Aktien hältst.

Edward Podolsky, *Sex Today in Wedded Life*

1940: Der Ehemann als Liebhaber

Glück in der Ehe muss unaufhörlich wiedererobert und erneuert werden. Es kann nicht einmal erworben werden und für immer im Besitz des Ehemanns bleiben. Demzufolge ist es für Ehemänner jeden Alters eine unabdingbare Regel: Setzen Sie Ihr Liebeswerben fort.

Machen Sie die Liebe, die sie gefunden haben und die Ihnen beiden so viel bedeutet, zu Ihrer *Religion*. Denn es kann die edelste aller Religionen sein.

Halten Sie Ihre Frau für immer jugendlich. Das mag vielleicht unmöglich erscheinen, ist aber machbar und wird Sie reichlich belohnen. Glück ist für Wohl und Wachstum der Liebe unverzichtbar. Liebe muss wachsen. Sie kann nicht stillstehen. Sie wächst oder stirbt. In Schweigsamkeit kann Liebe nicht gedeihen. Daher sollten Sie Ihrer Frau Ihre tiefe und zunehmende Zuneigung versichern.

Gute Nahrichten beleben die nachlassenden Energien von Entdeckern, tiefe Freude befähigt Männer und Frauen, die Fragilität menschlicher Schwäche zu überwinden. Enttäuschung und Kummer deprimieren und beeinträchtigen die le-

Setzen Sie Ihr Liebeswerben fort

benswichtigen Funktionen. Demzufolge sollten Mann wie Frau einander immer wieder *sagen*, dass sie sich lieben.

Manche Männer tun das nur gelegentlich oder wenn das Verlangen sie überwältigt. Damit begehen sie einen großen Fehler. Taten können Liebe möglicherweise eloquenter ausdrücken als Worte. Aber schließen Sie daraus keineswegs, dass nicht auch Worte nötig sind. Sie sind es. Liebe braucht immerwährende Bestätigung. Sehr wahrscheinlich ist Ihre Frau keine Gedankenleserin. Wenn Sie Ihre Abneigung gegen das Aussprechen von Gefühlen nicht überwinden, wird sie vielleicht nie erfahren, was Sie denken und empfinden.

Dies ist ein größeres Problem bei Männern, die von Natur aus wortkarger und schweigsamer sind, bei Männern, die in einer Tradition aufwuchsen, in der das Unterdrücken oder Verdrängen von Emotionen empfohlen wird. Aber gehen Sie nicht irrtümlich davon aus, dass Frauen es nicht mögen, wenn ihnen immer wieder gesagt wird, dass man sie liebt. Das ist etwas, was Frauen gar nicht genug hören können. Und eins sollten Ehemänner nie vergessen: Es ist das Tonikum, das beide verjüngt und jung erhält.

Margaret Sanger, *Happiness in Marriage*

1916: Liebe schenken

In allen Aspekten menschlicher Beziehungen ist Geben wichtiger als Nehmen. Geliebt zu werden ist unentbehrlich für unser Glück und notwendig für eine Vertiefung des geistigen Lebens. Zu diesem Zweck ist es wichtiger zu lieben, als geliebt zu werden. Wer sich in seiner Brust die Fähigkeit zu lieben bewahrt, kann jede Katastrophe überstehen, die ihm das Leben bescheren mag. Selbst wenn er von Schmerzen niedergedrückt und von Seelenqual gefoltert wird, kann er sich wieder aufraffen und weitermachen, wenn das Liebesvermögen in seinem Herzen stark und unverdorben ist.

Edward Howard Griggs, *Friendship, Love and Marriage*

Mit diesem letzten Auszug, liebe Freunde, muss ich mich von euch verabschieden. Es ist ein Abschnitt aus Mary Ries Melendys Vivilore. The Pathway to Mental and Physical Perfection, *in dem sie ausdrückt, worum es in der Ehe wirklich geht.*

1904: Nicht für sich leben, sondern für den anderen

Wer liebt, trachtet danach, den geliebten Menschen glücklich zu machen, ihn unablässig zu erfreuen, ständig für ihn da zu sein. Die ideale Ehe besteht in der Aufopferung des einen für das Glück des anderen. Sein Leben nicht für sich zu führen, sondern für den anderen. Manche Einfälle, Launen oder Marotten mögen töricht wirken, doch es zahlt sich aus, den geliebten Menschen in Bagatellen gewähren zu lassen. Denn ein Mann, der ein paar kleine Wünsche seiner Frau befriedigt, macht sie unaussprechlich glücklich, weil das ein zusätzlicher Beweis seiner Liebe zu ihr ist, der ihre Zuneigung zu ihm weiter vertieft. Gleichfalls findet die Frau, die bemüht ist, sich den Vorlieben ihres Ehemannes anzugleichen, in diesem Tun ihre größte Freude. Die Selbstlosigkeit muss gegenseitig sein. Für jene, die von Anfang an entschlossen sind, dieses Gesetz weder zu übergehen noch zu vernachlässigen, wird das Leben aus nie endenden Flitterwochen bestehen.

Mary Ries Melendy, *Vivilore. The Pathway to Mental and Physical Perfection*

Danksagungen

Ohne die Unterstützung und Liebe meiner Familie hätte es dieses Buch nie gegeben: Linda und Jim Salisbury, David Grotke, Rose Grotke, Lise DePage, Jennifer, Tony, Olivia und Iris Perez, Lenn, Ally und David Johns sowie alle meine Tanten, Onkel, Cousins und Cousinen.

Ich danke meinem Lektor Johnny Saunders für seine Begeisterung und Liebenswürdigkeit und Thunder's Mouth Press für den Glauben an Miss Abigail. Dank auch an die Rezensenten meiner Auszüge, Fahnder nach und Überprüfer von Illustrationen, sowie alle Händchenhalter während der Entstehungsphase des Buches, vor allem an Dad, Mom, Jim, Chris und Jen sowie an Liz Madden, Deborah Thomas und Michelle McCay. Ich danke Sarah Arbury für ihre Hilfe bei der Entscheidung darüber, welche die besten Auszüge sind, und Molly Wyman, Jocelyn Beer, Nina Towish und Akela Reason für ihre Freundschaft und Unterstützung. Diane Kresh schulde ich Dank für ihre Fotografien und Lynn Peril für ihre nützlichen Hinweise bei meinen Copyright-Recherchen. Gleichermaßen bin ich für die moralische Unterstützung und guten Wünsche meiner Arbeitskollegen bei diesem Projekt dankbar; besonders danke ich Cassy Ammen und Jennifer Harbster, die mir wertvolle Tipps für die Quellensuche gaben, und all jenen, die mir beim Lunch so geduldig zugehört haben. Meinen Hunden Frieda und Felix kraule ich in Gedanken die Bäuche. Sie haben mich vor dem Durchdrehen bewahrt und mich zu dringend notwendigen Pausen vom Computer aus dem Haus gelockt.

Die Saat zu Miss Abigails Ratschlägen wurde vor langer Zeit gesät. Meiner lieben Freundin Carita Simons-Beer danke ich dafür, dass sie mir *The Art of Dating* überließ, als sich unsere Wege im Sommer 1987 trennten. Vielen Dank allen, die mich über die Jahre ermutigt und unterstützt haben, in denen mein Alter Ego Miss Abigail entstand und sich einen eigenen Namen machte, und an die Fans von MissAbigail.com, vor allem jene, die meine Sammlung mit Büchern bereicherten. Dank an die Secondhand-Büchergemeinde für ihre Freundschaft, ihren Humor und ihre nie erlahmende Lust an lustigem, spaßigem Kram, sowie ihr Verständnis für jemanden, der nur *ein paar* weitere Ratgeberbücher benötigt.

Schließlich bin ich den wundervollen Autoren der Bücher meiner Ratgebersammlung immens dankbar. Ohne ihre Arbeit wäre dieses Buch nie möglich gewesen.

Quellen

Auszug aus *20th-Century Teenagers* von »A Friend of Youth«. Published by The Daughters of St. Paul. Copyright The Daugthers of St. Paul 1961. Verwendet mit freundlicher Genehmigung von The Daughters of St. Paul.

Allen, Betty/Pirie, Mitchell Briggs: *Mind Your Manners*. Philadelphia: J. B. Lippincott Co. 1964.

Auszug aus *The Fascinating Girl* von Helen B. Andelin. Published by Pacific Press. Copyright Helen B. Andelin und Audrey P. Andelin 1969 und 1970. Verwendet mit freundlicher Genehmigung der Autorin.

Beery, Mary: *Manners Made Easy*. New York: McGraw-Hill Book Company 1954.

Auszug aus *'Twixt Twelve and Twenty. Pat talks to Teenagers* von Pat Boone. Published by Prentice-Hall, Inc. Copyright Prentice-Hall, Inc. 1958. Verwendet mit freundlicher Genehmigung des Autors.

Bowman, Warren D.: *Home Builders of Tomorrow*. Elgin, IL: The Elgin Press 1938.

Boykin, Eleanor: *This Way, Please. A Book of Manners*. New York: Macmillan Company 1940.

Bruckner, P. J.: *How to Give Sex Instructions*. St. Louis, MO: The Queens Work 1937.

Burrell, Caroline Benedict/Forbush, William Byron: *The Mother's Book*. New York: The University Society 1919.

Crane, George W.: *How to »Cash-In« on Your Worries*. Chicago: Hopkins Syndicate 1956.

Auszug aus *Charm for Young Woman* von Anne Culkin. Copyright Paulist Press, Inc., New York/Mahwah, NJ 1965. Verwendet mit freundlicher Genehmigung von Paulist Press.

Cummings, Edith Mae: *Pots, Pans and Millions*. Washington D.C.: National School of Business Science for Women 1929.

Daggett, Nancy: *Personal Beauty and Charm*. New York: The Homemaker's Encyclopedia 1952.

Dix, Dorothy: *How to Win and Hold a Husband.* New York: Doubleday, Doran & Company 1939.

Duvall, Evelyn Millis: *Facts of Life and Love for Teen-Agers.* New York: Association Press 1956. Der Textauszug ist der deutschen Ausgabe entnommen: *Verliebt ist nicht verheiratet. Offene Worte für junge Menschen.* Frechen/Köln: Bartmann Verlag 1957.

Duvall, Evelyn Millis: *The Art of Dating.* New York: Association Press 1967.

Eaton, Crane & Pike Company: *A Desk Book on the Etiquette of Letter Writing and Social Correspondence in General.* New York: Eaton, Crane & Pike Company 1927.

Eichler, Lillian: *Etiquette Problems in Pictures.* Oyster Bay, NY: Nelson Doubleday 1922. Der Textauszug ist der deutschen Ausgabe entnommen: *So oder so? Fingerzeige für gesellschaftlichen Erfolg.* Stuttgart: Dieck & Co. o.J.

Eichler, Lillian: *Book of Etiquette.* Garden City, NY: Nelson Doubleday 1923.

Eichler, Lillian: *Etiquette in Public, with notes on Courtship and Marriage, Book IV.* Hoboken, NJ: R. B. Davis and Company 1924.

Elliott, Grace Loucks/Bone, Harry: *The Sex Life of Youth.* New York: Association Press 1948.

Auszug aus *Sex and the Single Man* von Albert Ellis. Published by Lyle Stuart. Copyright Institute for Rational Living, Inc. 1963. Verwendet mit freundlicher Genehmigung des Albert Ellis Institute. Der Textauszug ist der deutschen Ausgabe entnommen: *Sex und ledige Männer.* Schmiden b. Stuttgart: Decker 1966.

Enright, Evelyn/Seranne, Ann: *Happy Living! A Guidebook for Brides.* Los Angeles: American Bride Publications 1965.

Evans, C. B. S.: *Man and Woman in Marriage.* Chicago: Bruce-Roberts 1931.

Faculty of the South Philadelphia High School for Girls: *Everyday Manners for American Boys and Girls.* New York: Macmillan Company 1923.

Farewell, Nina: *The Unfair Sex. An Exposé of the Human Male for Young Women of Most Ages.* New York: Simon and Schuster 1953. Der Textauszug ist der deutschen Ausgabe entnommen: *Die Schliche der Männer. Eine Studie über den Mann für junge Frauen fast sämtlichen Alters.* Stuttgart: Schuler-Verlag o.J.

Fedder, Ruth: *A Girl Grows Up.* New York: McGraw-Hill Book Company 1939.

Ford, Eileen: *Eileen Ford's A More Beautiful You in 21 Days.* New York: Simon and Schuster 1972.

Fowler, C. H./De Puy, W. H.: *Home and Health and Home Economics.* New York: Phillips & Hunt 1880.

Frances, Daré: *Lovely Ladies. The Art of Being a Woman, Vol I.* Garden City, NY: Doubleday, Doran & Company 1929.

Auszug aus *This Passion Called Love* von Elinor Glyn. Published by The Author's Press. Copyright The Author's Press 1925. Verwendet mit freundlicher Genehmigung von Mrs. G. Chowdharay-Best.

Auszug aus *The Philosophy of Love* von Elinor Glyn. Published by The Author's Press. Copyright The Author's Press 1923. Verwendet mit freundlicher Genehmigung von Mrs. G. Chowdharay-Best.

Green, W. C.: *The Book of Good Manners. A Guide to Polite Usage for All Social Functions.* New York: Social Mentor Publications 1922.

Auszug aus *Why Isn't a Nice Girl Like You Married? Or, How to Get the Most out of Life While You're Single* von Rebecca E. Greer. Published by Macmillan Company. Copyright Rebecca Greer und Macmillan Company 1969. Verwendet mit freundlicher Genehmigung der Autorin.

Griggs, Edward Howard: *Friendship, Love and Marriage.* New York: B. W. Huebsch 1915.

Hadida, Sophie C.: *Manners for Millions.* New York: Permabooks 1950.

Hahn, Emily/Hatch, Eric: *Spousery.* New York: Franklin Watts 1956.

Hale, Mable: *Beautiful Girlhood.* Anderson, IN: Gospel Trumpet Co. 1922.

Haskin, Dorothy: *Just for Girls.* Grand Rapids, MI: Zondervan Publishing House 1956.

Haupt, Enid A.: *The Seventeen Book of Etiquette & Entertaining.* New York: David McKay Company 1963.

Auszug aus *Heloise's Housekeeping Hints von Heloise.* Published by Pocket Books. Copyright King Features Syndicate 1962. Verwendet mit freundlicher Genehmigung von Heloise.

Hillis, Marjorie: *Live Alone and Like It. A Guide for the Extra Woman.* Indianapolis, IN: The Bobbs-Merrill Company 1936. Der Textauszug ist der deutschen Ausgabe entnommen: *Live alone and like it. Benimmregeln für die vergnügte Singlefrau.* München und Zürich: Pendo Verlag 2005, S. 106/107.

Holmes, Marjorie: *I've Got to Talk to Somebody, God.* Garden City, NY: Doubleday & Co. 1969.

Hopton, Ralph Y./Balliol, Anne: *Bed Manners and Better Bed Manners.* New York: Arden Book Company 1946.

Horton, Robert F.: *On the Art of Living Together.* New York: Dodd, Mead and Company 1896.

Hunter, Estelle B.: *Personality Development. A Practical Self-Teaching Course, Unit One: Your Physical Self.* Chicago: The Better-Speech Institute of America 1939.

Jefferis, Professor B. G.: *The Household Guide, or Domestic Cyclopedia.* Atlanta, GA: J. L. Nichols & Co. 1902.

Jefferis, Professor B. G. und J. L. Nichols: *Search Lights on Health. Light on Dark Corners. A Complete Sexual Science and a Guide to Purity and Physical Manhood, Advice to Maiden, Wife and Mother, Love, Courtship and Marriage.* Naperville, IL: J. L. Nichols & Co. 1911.

Jones, Louis LeClaire: *Birthday Chats with Tomorrow's Man.* Chicago: Charles E. Tench Printing Co. 1940.

Justin, Margaret/Rust, Lucile: *Today's Home Living.* Chicago: J. B. Lippincott Company 1947.

Kaschewski, Marjorie Roehl: *Housekeeping Made Simple.* The Housemaker's Encyclopedia 1952.

Keller, David H.: *Love, Courtship, Marriage.* New York: Roman Publishing Company 1928.

Kellogg, J. H.: *Plain Facts for Old and Young. Embracing the Natural History and Hygiene of Organic Life.* Burlington, IA: I. F. Segner 1886.

Lane, Harriet: *The Book of Culture.* New York: Social Mentor Publications 1922.

Lang, Barbara: *Boys and Other Beasts.* New York: Pocket Books 1965.

Lind, G. Dallas, »An Old Practitioner«: *The Mother's Guide and Daughter's Friend.* Indianapolis, IN: Normal Publishing House 1890.

Lowry, Oscar: *A Virtuous Woman. Sex Life in Relation to the Christian Life.* Grand Rapids, MI: Zondervan Publishing House 1938.

Auszug aus *Plain Talk! For Men Under 21!* von Allen Ludden. Published by Dodd, Mead & Company. Copyright Allen Ludden 1954. Verwendet mit freundlicher Genehmigung von Betty White.

Macfadden, Bernarr: *Womanhood and Marriage.* New York: Macfadden Book Company 1923. Der Textauszug ist der deutschen Ausgabe entnommen: Weiblichkeit und Ehe. Berlin: Dr. Selle-Eysler AG o.J.

Magner, Rev. James A.: *The Art of Happy Marriage.* Milwaukee, WI: Bruce Publishing Co. 1947.

Marbury, Elisabeth: *Manners. A Handbook of Social Customs.* Chicago: M. A. Donohue & Co. 1888.

Marshall, J. Joseph: *Living with a Husband and Liking It.* Philadelphia: Dorrance & Company 1942.

McAndless, M. Thelma: *Manners Today.* Detroit: Briggs Publishing Company 1943.

McDermott, Irene E./Nicholas, Florence Williams: *Living for Young Moderns.* Chicago: J. B. Lippincott Company 1956.

Auszug aus *Your First Year of Marriage* von Dr. Tom McGinnis. Published by Doubleday & Company. Copyright Thomas C. McGinnis 1967. Verwendet mit freundlicher Genehmigung von Thomas C. McGinnis Jr.

Auszug aus *A Girl's Guide to Dating and Going Steady* von Dr. Tom McGinnis. Published by Doubleday & Company. Copyright Thomas C. McGinnis 1968. Verwendet mit freundlicher Genehmigung von Thomas C. McGinnis Jr.

Melendy, Mary Ries: *Vivilore. The Pathway to Mental and Physical Perfection.* Chicago: W. R. Vansant 1904.

Miller, Catherine Atkinson: *Eighteen. The Art of Being a Woman.* New York: Round Table Press 1933.

Miller, J. R.: *The Wedded Life.* Philadelphia: Presbyterian Board of Publication and Sabbath School Work 1912.

Morris, Hugh: *How to Make Love. The Secret of Wooing and Winning the One You Love.* 1936 (Neu-Auflage 1987).

Napheys, George H.: *The Transmission of Life. Counsels on the Nature and Hygiene of the Masculine Function.* Philadelphia: David McKay 1878.

Narramore, Clyde M.: *Life and Love. A Christian View of Sex.* Grand Rapids, MI: Zondervan Publishing House 1956.

New York Society of Self-Culture (18 Autoren): *Correct Social Usage.* New York: New York Society of Self-Culture 1907.

O'Rell, Max: *Her Royal Highness Woman and His Majesty-Cupid.* New York: The Abbey Press 1901. Der Textauszug ist der deutschen Ausgabe entnommen: *Ihre Königliche Hoheit die Frau.* Leipzig: Reclams Universal-Bibliothek Nr. 6576/6577, 1925, S. 20 f.

Peck, Ellen: *How to Get a Teen-Age Boy and What to Do with Him When You Get Him.* New York: Bernard Geis Associates 1969.

Pemberton, Lois: *The Stork Didn't Bring You. Sex Education for Teen-Agers.* New York: Thomas Nelson & Sons 1956. Der Textauszug ist der deutschen Ausgabe entnommen: *Der Storch brachte dich nicht. Offene Worte an junge Menschen.* Düsseldorf: Muth 1962.

Pierce, Beatrice: *The Young Hostess.* New York: Farrar & Rinehart 1938.

Pierce, V. M.: *Dream Book Bridal Superstitions.* Buffalo, NY: Dr. Pierce's Invalids Hotel ca. 1895.

Podolsky, Edward: *Sex Today in Wedded Life.* New York: Simon Publications 1947.

Richardson, Frank Howard: *For Young Adults Only. The Doctor Discusses Your Personal Problems.* Atlanta, GA: Tupper and Love 1961.

Rossiter, Frederick M.: *The Torch of Life. A Key to Sex Harmony*. New York: Eugenics Publishing Co. 1932.

Ruth, John A.: *Decorum. A Practical Treatise on Etiquette and Dress of the Best American Society*. New York: Union Publishing House 1880.

Sanger, Margaret: *Happiness in Marriage*. Garden City, NY: Blue Ribbon Books 1940.
Sangster, Margaret E.: *The Art of Home Making*. New York: Christian Herald Bible House 1898.

Scanzoni, Letha: *Youth Looks at Love*. Westwood, NJ: Fleming H. Revell Company 1965.

Auszug aus *The Art of Making a Perfect Husband* von »A Husband« (Cyril Scott). Published by Harper & Brothers Publishers. Copyright Harper & Brothers Publishers 1929. Verwendet mit freundlicher Genehmigung von Desmond Scott.

Scott, James Foster: *The Sexual Instinct. It's Use and Dangers as Affecting Heredity and Morals*. New York: E. B. Treat & Company 1899.

Shannon, Professor T. W.: *Nature's Secrets Revealed. Scientific Knowledge of the Laws of Sex Life and Heredity, or Eugenics*. Marietta, OH: The S. A. Mullikin Company 1916.

Sproat, Nancy: *The School of Good Manners*. New York: Samuel Wood & Sons 1822 (Neuauflage: David Marshall, Carthage, Indiana 1888).

Strain, Frances Bruce: *Teen Days. A Book for Boys and Girls*. New York: D. Appleton-Century Company 1946.

Thomas, Kay: *Secrets of Loveliness*. New York: Scholastic Book Services 1969.

Tolman, Ruth: *Charm and Poise for Getting Ahead*. New York: Milady Publishing Co. 1967.

Auszug aus *The Cool Book. A Teen-Ager's Guide to Survival in a Square Society von Art Unger*. Published by Monarch Books. Copyright Arthur Unger 1961. Verwendet mit freundlicher Genehmigung von Victoria Irwin.

Van Duzer, Adelaide Laura/Andrix, Edna M./Bobenmyer, Ethelwyn L. u. a., herausgegeben von Benjamin R. Andrews: *Everyday Living for Girls*. Chicago: J. B. Lippincott Company 1936.

Van Evera, Jean: *How to Be Happy While Single*. Philadelphia: J. B. Lippincott Co. 1949.

Walker, Mrs. A.: *Female Beauty, as Preserved and Improved by Regimen, Cleanliness and Dress*. New York: Scofield and Voorhies 1840.

Auszug aus *How to Pick up Girls!* von Eric Weber. Published by Symphony Press. Copyright Eric Weber 1970. Verwendet mit Genehmigung des Autors. Der Textauszug ist der deutschen Ausgabe entnommen: *Wie angelt man sich ein Mädchen?* Bergisch-Gladbach: Bastei Lübbe 1983.

Whitman, Jason: *The Young Lady's Aid, to Usefulness and Happiness.* Portland, ME: S. H. Colesworthy 1838.

Wilcox, Ella Wheeler: *Men, Women and Emotions.* Chicago: W. B. Conkey Company 1897.

Wilson, Margery: *Pocket Book of Etiquette.* New York: Pocket Books 1940.

Wilson, Margery: *The Woman You Want to Be.* Philadelphia: J. B. Lippincott Co. 1942.

Wolfe, W. Béran: *A Woman's Best Years. The Art of Staying Young.* Garden City, NY: Garden City Publishing Co. 1946.

Zenner, Philip: *Education in Sexual Physiology and Hygiene. A Physician's Message.* Cincinnati, OH: Robert Clarke Company 1910.

Bildnachweise

S. 17 – Das Foto eines jungen Paares (ca. 1960) stellte Linda Salisbury zur Verfügung.

S. 21 – Illustration *Chas. E. Blaney's Big Extravaganza. A Boy Wanted,* Theatrical Poster Collection der Library of Congress, Prints and Photographs Division.

S. 26 – Titel-Illustration *Growing Up,* 2. Ausgabe, von Roy O. Billett und J. Wendell Yeo. D. C. Heath and Company 1958.

S. 30 – aus *Secrets of Love and Marriage* von James Parker Hendry und E. Podolsky (Hrsg.). Herald Publishing Company 1939.

S. 33 – Titel-Illustration *Der Storch brachte dich nicht. Offene Worte an junge Menschen* von Lois Pemberton. Muth-Verlag 1962.

S. 35 – Titel-Illustration *How to Give Sex Instructions* von P. J. Bruckner, S. J. The Queen's Work 1937.

S. 40 – Titel-Illustration *Verliebt ist nicht verheiratet. Offene Worte für junge Menschen* von Evelyn M. Duvall. Bartmann-Verlag 1957.

S. 42 – Illustration *Am I Ready for School Today?* Cleanliness Institute, New York, ohne Datum.

S. 44 – Das Foto halbwüchsiger Jungen (ca. 1930) stellte Linda Salisbury zur Verfügung.

S. 52 – aus *Etiquette Problems in Pictures* von Lillian Eichler. Nelson Doubleday, Inc. 1922.

S. 56 – Illustration *A Bashful Beau* aus *Nature's Secrets Revealed. Knowledge of the Laws of Sex Life and Heredity, or Eugenics* von Prof. T. W. Shannon. Th. S. A. Mullikin Company 1916.

S. 64 – Titel-Illustration *How to Pick Up Girls!* von Eric Weber. Symphony Press. Copyright Eric Weber 1970. Verwendet mit freundlicher Genehmigung des Autors.

S. 67 – Foto *He Loves Me, He Loves Me Not* von E. W. Kelley. Copyright 1906. Library of Congress, Prints and Photographs Division.

S. 77 – Foto *When Love Is Young* von E. W. Kelley. Copyright 1906. Library of Congress, Prints & Photographs Division.

S. 83 – Illustration *The Rustic Coquette* aus *Vivilore. The Pathway to Mental and Physical Perfection* von Dr. Mary Ries Melendy. W. R. Vansant 1904.

S. 85 – Foto *Making a Favorable Impression* von Melander & Bros. Copyright 1880. Library of Congress, Prints & Photographs Division.

S. 93 – aus *Growing Up*, 2. Ausgabe, von Roy O. Billett und J. Wendell Yeo. D. C. Heath and Company 1958.

S. 99 – Illustration Marie aus *Vivilore. The Pathway to Mental and Physical Perfection* von Dr. Mary Ries Melendy. W. R. Vansant 1904.

S. 100 – Das Foto stellte Linda Salisbury zur Verfügung.

S. 114 – Titel-Illustration *Plain Talk! For Men Under 21!* von Allen Ludden. Dodd, Mead & Company. Copyright Allen Ludden 1954. Verwendet mit freundlicher Genehmigung des Autors.

S. 125 – aus *Growing Up*, 2. Ausgabe, von Roy O. Billett und J. Wendell Yeo. D. C. Heath and Company 1958.

S. 130 – Titel-Illustration *A Virtuous Woman. Sex Life in Relations to the Christian Life* von Oscar Lowry. Zondervan Publishing House 1938.

S. 130 – Titel-Illustration *The Way of a Man with a Maid* von Oscar Lowry. Zondervan Publishing House 1940.

S. 135 – aus *The Book of Good Manners. A Guide to Polite Usage for All Social Functions* von W. C. Green. Social Mentor Publications 1922.

S. 140 – Illustration *Hasty Familiarity is Fraught with Many Dangers* aus *Search Lights on Health. Light on Dark Corners. A Complete Sexual Science and a Guide in Purity and Physical Manhood, Advice to Maiden, Wife and Mother, Love, Courtship and Marriage* von B. G. Jefferis und J. L. Nichols. J. L. Nichols & Co. Copyright 1911.

S. 141 – Titel-Illustration *'Twixt Twelve and Twenty. Pat Talks to Teenagers* von Pat Boone. Prentice-Hall, Inc. Copyright Prentice-Hall, Inc. 1958. Verwendet mit freundlicher Genehmigung des Autors.

S. 145 – Foto *Blissful Moments* von R. Y. Young, American Stereoscopic Co. Copyright 1896. Library of Congress, Prints & Photographs Division.

S. 158 – Foto *Woman Between Two Admirers* von Fritz W. Guerin. Ohne Datum. Library of Congress, Prints & Photographs Division.

S. 164 – Titel-Illustration *The Art of Dating* von Evelyn Millis Duvall. Association Press. Copyright 1967.

S. 172 – Foto *A Maiden's Dream – How Sweet is That?* von E. W. Kelley. Copyright 1906. Library of Congress, Prints & Photographs Division.

S. 177 – Foto *On Vengeance Bent, the Wrathful Lover Started, While Fanny Hid Her Face Quite Broken-Hearted* von Keystone View Company. Copyright 1906. Library of Congress, Prints & Photographs Division.

S. 178 – Titel-Illustration *Die Schliche der Männer. Eine Studie über den Mann für junge Frauen fast jeden Alters* von Nina Farewell. Schuler-Verlag o. J.

S. 181 – Illustration *A Rejected Lover* aus *Search Lights on Health. Light on Dark Corners. A Complete Sexual Science and a Guide to Purity and Physical Manhood, Advice to Maiden, Wife and Mother, Love, Courtship and Marriage* von B. G. Jefferis und J. L. Nichols. J. L. Nichols & Company. Copyright 1911.

S. 189 – Illustration *Busy and Happy* aus *Vivilore. The Pathway to Mental and Physical Perfection* von Dr. Mary Ries Melendy. W. R. Vasant 1904.

S. 191 – Illustration *Dreaming of the Future* aus *Nature's Secrets Revealed. Scientific Knowledge of the Laws of Sex Life and Heredity, or Eugenics* von Prof. T. W. Shannon. S. A. Mullikin Company. Copyright 1916.

S. 197 – Titel-Illustration *Live Alone and Like It. A Guide for the Extra Woman* von Marjorie Hillis. The Bobbs-Merrill Company. Copyright 1936.

S. 205 – Foto *A Whole day's Catch – 'We didn't fish quite all the time'* von E. W. Kelley. Copyright 1906. Library of Congress, Prints & Photographs Division.

S. 211 – Titel-Illustration *How to Win and Hold a Husband* von Dorothy Dix. Doubleday, Doran & Company. Copyright 1939.

S. 218 – Foto *A Soul Kiss*. Unbekannter Fotograf bzw. Verlag. Copyright 1909. Library of Congress, Prints & Photographs Division.

S. 221 – Illustration *Love's Missive* aus *Nature's Secrets Revealed. Scientific Knowledge of the Laws of Sex Life and Heredity, or Eugenics* von Prof. T. W. Shannon. S. A. Mullikin Company. Copyright 1916.

S. 228 – Illustration *The Pledge of Love and Honor* aus *Vivilore. The Pathway to Mental and Physical Perfection* von Dr. Mary Ries Melendy. W. R. Vasant 1904.

S. 234 – Foto *Sovereign of Love's Domain* von E. W. Kelley. Copyright 1906. Library of Congress, Prints & Photographs Division.

S. 237 – Titel-Illustration *Sex und ledige Männer* von Albert Ellis. Franz Decker Verlag 1966.

S. 243 – Foto *The Toast to the Bride* von C. L. Wasson. International View Co. Copyright 1905. Library of Congress, Prints & Photographs Division.

S. 247 – Titel-Illustration *Dream Book Bridal Superstitions* von V. M. Pierce. Dr. Piece's Invalids Hotel ca. 1895.

S. 248 – Die Grußkarte *A Gift for your Wedding* (ca. 1930) wurde von Linda Salisbury zur Verfügung gestellt.

S. 254 – Foto *Alone, at Last Alone* von C. J. Wasson. International View Co. Copyright 1905. Library of Congress, Prints & Photographs Division.

S. 259 – Titel-Illustration *Bed Manners and Better Bed Manners* von Ralph Y. Hopson und Anne Balliol. Arden Book Company. Copyright 1946.

S. 262 – Foto *Slow! We'll Beat You Yet* von E. W. Kelley. Copyright 1906. Library of Congress, Prints & Photographs Division.

S. 266 – Anzeige von *Sealy Advice to Single Girls on Furnishing a double bedroom* aus *Happy Living! A Guidebook for Brides* von Evelyn Enright und Ann Seranne. American Bride Publishing. Copyright American Bride Publishing 1965. Verwendet mit freundlicher Genehmigung von Sealy Company.

S. 275 – aus *Housekeeping Made Simple* von Marjorie Roehl Kaschewski. The Homemaker's Encyclopedia. Copyright 1952.

S. 279 – Foto *Take your time Mr. Peck – Haste Makes Waste* von E. W. Kelley. Copyright 1906. Library of Congress, Prints & Photographs Division.

S. 285 – Titel- und Rückseiten-Illustration *Spousery* von Emily Hahn und Eric Hatch. Franklin Watts, Copyright 1956.

S. 289 – Titel-Illustration *Living with a Husband and Liking It* von J. Joseph Marshall. Dorrance & Company. Copyright 1942.

S. 299 – Titel-Illustration *Happiness for Husbands and Wives* von Harold Shryock. Reviews and Herald. Copyright 1949.

S. 301 – Das Foto wurde von Linda Salisbury zur Verfügung gestellt.

Über die Autorin

Verfolgt vom Kosmetikunterricht an der Highschool und gepeinigt von ihrer Unfähigkeit, allein mit ihren Haaren oder einem Make-up klarzukommen, sammelt Miss Abigail (auch als Abigail Grotke bekannt) seit mehr als zwanzig Jahren klassische Ratgeberbücher. Sie kann auf zahlreiche Publikationen in Print- wie digitalen Medien verweisen und hat sowohl an Geschichte wie auch an Popkultur ein lebhaftes Interesse, ganz zu schweigen davon, dass sie es liebt, in verstaubten Antiquariaten zu stöbern, um nach sensationellen Bereicherungen für ihre Sammlung zu suchen. Auszüge aus diesen Büchern hat sie mit witzigen Kommentaren versehen, um sie auf ihrer preisgekrönten Website Miss Abigail's Time Warp Advice (www.MissAbigail.com) zu veröffentlichen. Von September 2001 bis Februar 2003 hatte sie eine wöchentliche Kolumne im *London Times Magazine*. Tagsüber ist Abigail Grotke als Koordinatorin für digitale Projekte an der Library of Congress

tätig, nachdem sie zuvor im Presse- und Medienbüro des Smithsonian American Art Museum gearbeitet hat. 2004 wurde sie vom *Library Journal* zu einem der »Movers and Shakers« des Blattes ernannt; mit dieser Auszeichnung ehrt die Zeitschrift alljährlich »aufstrebende Führungspersönlichkeiten in der Bibliothekenbranche«. Sie lebt in einem alten Haus in Takoma Park, Maryland, zusammen mit ihren Terriern Frieda und Felix und einer beeindruckenden Sammlung von Eis-Crushern. Wenn der Richtige kommt, ist sie gut vorbereitet.

»Ich glaube, dass Männer auf der Welt sind, um Frauen zu Diensten zu sein.«

Ashton Kutcher

Martin Fraas
DIE DIVA-TAKTIK
Warum starke Frauen bei Männern ein leichtes Spiel haben
Sachbuch
Mit zahlreichen Illustrationen
144 Seiten
ISBN 978-3-404-66429-0

Auf der Suche nach dem idealen Partner versuchen Millionen Frauen, tief ins Labyrinth des männlichen Wesens vorzudringen. Regelmäßig lassen sie sich dabei von einer Frage in den Wahnsinn treiben: Was wollen Männer eigentlich?

Dabei ist alles ganz einfach: Männer schätzen und bewundern genau die Frauen, die scheinbar rücksichtslos und egoistisch ihr Ding durchziehen. Sie lieben starke Frauen, die nicht lange warten oder fragen, sondern selbst die Initiative ergreifen und sich nehmen, was sie wollen. Männer können nicht nur manipuliert werden, sie wollen es sogar! Wer das behauptet? Martin Fraas. Ein Mann. Er weiß, wovon er schreibt.

*Gefährlich, peinlich, komisch: Schlechter Sex macht einen Heidenspaß**

**(wenn man ihn nicht selber haben muss)*

Nerve.com
BAD SEX
Jeder hatte schon mal welchen.
Wir sprechen darüber.
Sachbuch
240 Seiten
ISBN 978-3-404-60621-4

Für alle, die sich fragen:

Wie lange ist zu lange?
Ist heißes Wachs auf männlicher Brust wirklich erotisch?
Wozu sollte man Wiener Würstchen nicht benutzen?
Bist du schon fertig?!

Alles, was Sie schon immer über die gefährlichsten Exfreundinnen und Liebhaber wissen wollten. So scharf und so witzig waren pikante Katastrophen noch nie!

WARNUNG: BEGEBEN SIE SICH NICHT INS FEUCHTGEBIET, DENN DORT LAUERT DIE GEFAHR!

Bastei Lübbe Taschenbuch